吉林工商学院资助

中国出口

国内附加值商品结构问题研究

Zhongguo Chukou

Guonei Fujiazhi Shangpin Jiegou Wenti Yanjiu

鲁晓璇 著

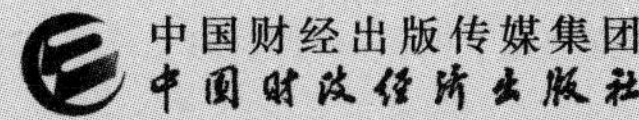
中国财经出版传媒集团
中国财政经济出版社

图书在版编目（CIP）数据

中国出口国内附加值商品结构问题研究 / 鲁晓璇著
. --北京：中国财政经济出版社，2021.9
ISBN 978-7-5223-0712-1

Ⅰ.①中… Ⅱ.①鲁… Ⅲ.①出口商品结构-研究-中国 Ⅳ.①F769.2

中国版本图书馆 CIP 数据核字（2021）第 163541 号

责任编辑：马 真　　　　责任校对：张 凡
封面设计：卜建辰　　　　责任印制：党 辉

中国出口国内附加值商品结构问题研究

ZHONGGUO CHUKOU GUONEI FUJIAZHI SHANGPIN JIEGOU WENTI YANJIU

中国财政经济出版社 出版

URL：http：//www.cfeph.cn

E-mail：cfeph@cfeph.cn

社址：北京市海淀区阜成路甲 28 号　邮政编码：100142

营销中心电话：010-88191522

天猫网店：中国财政经济出版社旗舰店

网址：https：//zgczjjcbs.tmall.com

北京财经印刷厂印刷　各地新华书店经销

成品尺寸：170mm×240mm　16 开　14 印张　201 000 字

2021 年 9 月第 1 版　2021 年 9 月北京第 1 次印刷

定价：60.00 元

ISBN 978-7-5223-0712-1

（图书出现印装问题，本社负责调换，电话：010-88190548）

本社质量投诉电话：010-88190744

打击盗版举报热线：010-88191661　QQ：2242791300

前　言

20 世纪 60 年代以来，随着关税的大幅度削减，以及由于技术进步而导致的以运输、通信为代表的服务成本的下降，以全球性生产协作为基础的新型国际分工体系逐步形成，产品的生产过程被分割成了若干生产工序，并依据各工序生产成本的不同分散到世界不同国家和地区来完成。这种因全球生产分割而导致的以全球价值链分工为基础的价值链贸易（垂直专业化贸易、产品内贸易、外包）作为国际贸易领域中一种新的贸易方式，已成为世界贸易中增长速度最快的部分，这也是引起世界贸易非线性增长的一个重要原因，从而极大地改变了世界贸易的格局。在价值链贸易中，由于大量中间产品需要以国际贸易的形式从生产价值链的上游国家移向下游国家，中间产品的多次跨境移动使得现行的国际贸易统计方式存在“双重统计”（或重复计算）问题，导致各国对贸易量的统计与实际价值投入存在偏差，这一问题在以中国为代表的处于全球生产价值链中低端，主要承担最终产品加工组装的国家中表现得尤为明显。

在这一大背景下，特别是像中国这种加工贸易曾经占对外贸易半壁江山的发展中贸易大国，传统的基于对外贸易总量来测算一国对外贸易附加值及其结构的方法，已无法真实、准确地反映一国对外贸易要素禀赋和对外贸易收益的变化。因此，需要在全球价值链分工的背景下，从附加值结构的角度，来具体、深入地分析中国对外贸易商品结构问题。有鉴于此，本书的研究拟从附加值结构的视角，将中国出口贸易中的国内附加值商品结构作为分析在全球价值链分工背景下中国出口贸易发展变化的切入点，通过对中国出口贸易国内附加值商品结构的分析，来进一步研究中国出口贸易国内附加值商品结构的演变特点和发展趋势。相对于单纯地从贸易量上来分析中国出口贸易商品结构问题，本书的研究将更有助于我们了解在全球价值链分工背景下中国出口贸易及其结构的发展变化与主要特点。

本书主要包括如下七章内容：

第一章，引言。主要阐述本书的研究背景和意义、相关重要概念的界定、研究内容和目标、研究重点难点和方法步骤以及研究的主要创新和不足之处等。

第二章，相关文献综述和理论分析。首先，对与本书密切相关的文献进行简要的梳理和述评；其次，基于古典贸易理论、新古典贸易理论、新贸易理论等经典的国际贸易理论，分析全球价值链分工背景下一国对外贸易附加值商品结构的决定因素；最后，以李嘉图的连续统模型为基础，构建决定一国对外贸易附加值商品结构的理论模型。

第三章，中国总贸易出口国内附加值商品结构分析。首先，基于贸易总量数据对中国出口商品结构进行简要分析。其次，根据国家间非竞争型投入产出表，将中国总贸易出口（包括货物贸易出口和服务贸易出口）附加值分解为国内附加值和国外附加值。在此基础上，基于贸易附加值数据，以中国总贸易出口国内附加值作为主要分析指标；基于出口额和出口比重数据，从中国资本和技术密集型行业、劳动密集型行业出口国内附加值额及其占中国不同要素密集型行业出口国内附加值的比重两个维度，在总产品、最终品和中间品出口三个层面，系统、深入地分析中国总贸易出口国内附加值商品结构的变化特点和变化趋势。

第四章，中国货物贸易出口国内附加值商品结构分析。在这一章中，同样首先基于贸易总量数据对中国货物贸易商品结构进行简要分析。其次，基于贸易附加值数据，以中国货物贸易出口国内附加值作为主要分析指标；基于出口额和出口比重数据，从中国资本和技术密集型行业、劳动密集型行业出口国内附加值额及其占中国不同要素密集型行业出口国内附加值的比重两个维度，在总产品、最终品和中间品出口三个层面，在不同要素密集型行业出口国内附加值总量（出口额）和不同要素密集型行业出口国内附加值占比这两个维度，系统、深入地分析中国货物贸易出口国内附加值商品结构的变化趋势和变化特点。

第五章，中国服务贸易出口国内附加值商品结构分析。这一章的结构与第三章和第四章的结构相似，只是研究的内容为中国服务贸易出口国内附加值商品结构问题。

第六章，中国出口国内附加值商品结构的影响因素实证分析。以中国出口国内附加值额、中国资本和技术密集型行业出口国内附加值额占中国出口国内附加值额的比重为分析对象，采用计量经济学的相关研究方法，对中国出口国内附加值商品结构的影响因素进行实证分析，以验证第二章理论分析中所得出的结论。

第七章，主要结论与政策启示和建议。在凝练从以上各章理论分析和实证分析中所得出的主要结论的基础上，从进一步优化中国出口国内附加值商品结构（中国出口贸易商品结构）、提高中国出口国内附加值（中国出口贸易收益），促进中国从贸易大国向贸易强国转变等方面，提出相应的具有一定价值的政策启示和建议。

本书的主要创新体现在以下两个方面：

1. 研究视角方面

在全球价值链分工背景下，一国对外贸易的收益不再由其出口什么和进口什么所决定，而是由其出口和进口中的附加值所决定。传统的基于贸易总量来研究一国出口贸易商品结构的方法已经无法反映中国对外贸易发展的实际情况。因此，本书以全球价值链分工为背景，从结构的视角来研究中国出口贸易中的国内附加值构成、现状特点和变化趋势，具备一定的创新意义。

同时，本书对“全球价值链分工背景下一国出口国内附加值商品结构”的理论分析表明，经典的国际贸易理论中对于一国出口贸易商品结构决定因素的分析仍然适用于在全球价值链分工背景下对一国出口国内附加值商品结构的分析，只是分析的对象由产品变为生产环节。

2. 研究方法的应用方面

本书采用实证研究的方法分析了中国出口贸易国内附加值商品结构的影响因素。从作者目前所掌握的相关文献资料来看，系统地进行中国出口国内附加值商品结构影响因素研究的相关论述和文献资料还比较少。

Preface

Since the 1960s, the reduction of tariffs and progress of technology have led to the cost reduction of services represented by transportation and communication. Based on global collaboration of production, international division of labor has gradually formed and the production process has been divided into stages with each being done in various countries and regions of the world at divergent production costs. This new type of value chain trade (vertical specialization trade, intra – product trade, outsourcing) due to globalization and fragmentation in production, has become the trade with the fastest growth in international trade. It is also the reason for the non-linear growth in world trade and has greatly altered the world trade pattern. In value chain trade, as a large number of intermediate products need to be moved from upstream countries to downstream countries in the form of international trade, multiple cross-border movements of intermediate products have resulted in the problem of "double statistics" (or double counting) which leads to errors between the statistics of trade volume and actual value inputs for countries involved in the trade. This problem is particularly apparent in those countries such as China, who are at the bottom of the global production value chain and mainly undertake the processing and assembly of the final products.

In this context, especially in developing countries such as China, where trade related to processing and assembly accounts for half of foreign trade, the traditional method of measuring the value added and the structure of a country's foreign trade based on total foreign trade value is no longer applicable to reflect the authentic and precise changes in a country's endowment of foreign trade factors and foreign trade earnings. Therefore, a detailed and in-depth analysis of China's foreign trade commodity structure should be conducted in the context of global value chain from the perspective of value-added structure. In view of this, this paper, by using the value-added structure analysis as a starting point, studies the value-added commodities structure of china's export trade with a focus on its evolution characteristics and development trends in the context of global value chain division of labor. Compared with simply analyzing the China's foreign trade structure from the perspective of total trade volume, this research will help better understand China's foreign trade, especially its structural changes and main characteristics in the context of global value chain division of labor.

This thesis mainly includes the following seven chapters:

Chapter 1 is the Introduction. It mainly elaborates the research background and the significance of the research, definitions of relevant important concepts, research contents and research objectives. It also contains the research focus and difficulties, research methods and implementations, as well as the main contributions and limitations of the thesis.

Chapter 2 is the literature review and theoretical analysis. First, a brief outline of the literature closely related to this article is given. Second, based on classic international trade theories such as classical trade theory, neo-classical trade theory, and new trade theory, the determining factors of the Commodity structure of value-added in a country's foreign trade in the context of global value chain division of labor are discussed. Finally, based on the Ricardo's continuum model, a theoretical model that determines Commodity structure of value added of a country's foreign trade is constructed.

Chapter 3 is the analysis on the structure of domestic value-added commodity exports in China's total trade. Firstly, the structure of China's export commodities is briefly analyzed based on the data of total trade volume. Next, based on the non-competitive input-output tables between countries, the added value of China's total exports (including exports of goods and services) is classified as domestic and foreign trade added values. With this classification, based on the trade added value data, the domestic added value of China's total trade exports is adopted as the main analysis indicator. Further, systematic and thorough analysis is done on the evolving characteristics and trends of the structure of the domestic value-added goods in China's total trade exports. This is done in three aspects; total product, intermediate product and final product export, and along two dimensions; the total domestic value-added amount of capital and technology intensive industries, labor-intensive industrie, and their proportion in the total value-added amount from all industries with different intensive factors.

Chapter 4 is the analysis on domestic value-added commodity structure of China's goods exports. In this chapter, the structure of China's goods trade is also first briefly analyzed based on the data of total trade volume. Secondly, based on the added value data in trade, the domestic added value of China's goods trade export is adopted as the main analysis indicator. Systematic and thorough analysis is done on the evolving characteristics and trends of the structure of the domestic value-added goods in China's commodity trade exports. This is done in three aspects; total product, intermediate product and export of final product, and along two dimensions; the total domestic value-added amount of capital and technology intensive industries, labor-intensive industries, and their proportion in the total value-added amount from all industries with different intensive factors.

Chapter 5 is the analysis on the domestic value-added commodity structure of China's service trade export. The structure of chapter 5 is similar to that of chapters 3 and 4.

Chapter 6 is an empirical study on the influencing factors on the structure of China's export of domestic value-added goods. In this chapter, the subjects under study are China's total domestic value-added amount in exports, and the proportion out of the total amount from capital and technology-intensive industries. Using tools from econometrics, this paper makes an empirical analysis of the influencing factors on the structure of domestic value-added goods in China's exports, so as to verify the conclusions from the theoretical analysis contained in chapter 2.

Chapter 7 is the conclusion, policy implications and suggestions. Based on the main conclusions from the previous chapters on the theoretical and empirical analysis, implications and suggestions are given in order to further optimize the value-added commodity structure of China's export trade, increase China's export trade domestic added value (income from China's export trade) and promote China's transition from a big to a strong trading country.

The main contributions of the thesis are summarized in the following two aspects:

1. In terms of research perspective

In the context of global value chain division of labor, the benefits of a country's foreign trade are no longer determined by what it exports and imports, but by the value-added amount in its exports and imports. The traditional method of analyzing and researching a country's foreign trade commodity structure based on total trade volume has failed to reflect the true and accurate situation of China's foreign trade development. Therefore, the dissertation, taking the context of global value chain division in to consideration, analyzes systematically and thoroughly the added-value structure in China's export trade, and its development characteristics and evolving trends, has certain innovation.

At the same time, the theoretical analysis in this thesis on "the commodity structure of value-added of a country's export trade in the context of global value chain division of labor" shows that, the analysis of the determinants of a country's export trade commodity structure in classic international trade theory is still applicable to the analysis the commodity structure of value-added of a country's export trade in the context of global value chain division of labor, with the study objective changed from the product to an intermediate stage of production.

2. In terms of research methodology

The empirical research method is used to analyze the influencing factors of the commodity structure of value-added China's export trade. So far, the systematic research on the influencing factors of the commodity structure of value-added of China's export trade is not much, according to the literature that the author has accessed to.

目　　录

第一章

引　言

第一节 研究背景和意义

一、研究背景

20世纪60年代以来，随着关税的大幅度削减，以及由于技术进步而导致的以运输、通信为代表的服务成本的下降，以全球性生产协作为基础的新型国际分工体系逐步形成。在新型国际分工体系中，最终产品的生产过程被分割为若干个生产工序，并根据各工序生产成本的不同将最终产品分散到世界不同国家和地区来完成，各国和地区之间再通过国际贸易，将中间品进行加工、组装，完成最终产品的生产。

在这一过程中，处于不同生产环节的各个国家和地区，均需要在所从事的生产环节中，投入本国的附加值，再将所生产的中间产品进行出口。这种因全球生产分割而导致的和以全球价值链为基础的价值链贸易（或称为垂直专业化贸易、产品内贸易、外包）成为国际贸易领域中一种新的生产和贸易形式。价值链贸易一方面为发展中国家利用自身要素禀赋优势融入全球生产分工体系、促进本国经济发展提供了有利条件；另一方面，由于现今的贸易统计是基于总量贸易进行的，但在中间产品的多次跨境交易中，中间品的附加值进行了多次重复计算，导致了对世界贸易量的统计存在“放大效应”（Yi，2003[1]、2010[2]；余心玎等，2016[3]），使得20世纪60年代以来的对外贸易增长速度远远高于世界经济的增长速度，也使得中间品贸易成为世界贸易中增长速度最快的部分，从而极大地改变了世界贸易的格局。相关研究表明，垂直专业化贸易已占世界贸易总量的30%左右，并且在20世纪的最后25年以年均40%的速度增长（D. Hummelsetal等，2001[4]）。在全球价值链分工条件下，由于大量中间产品需要以国际贸易的形式从生产价值链的上游国家移向下游国家，中间产品的多次跨境移动使得现行的贸易统计方式存在“双重统计”（重复计算）问题，进而导致各国和地区对贸易量的统计与实际价值投入存在偏差，这一问题在以中国为代表的处于全球生产价值链中低端，主要承担最终产品加工组装的国家中表现得尤为明显[5]。在案例分析中，1996 年 9 月 22 日，美国《洛杉矶时报》刊登题为《芭比娃娃与世界经济》的文章表明，一个由中国生产在美国售价为 9.99 美元的芭比娃娃，中国的劳动所得仅为 0.35 美元。中美在 iPhone 产品上，这一问题同样表现得十分明显。2009 年美国进口的 19.01 亿美元 iPhone 产品中，中国的附加值只有 7350 万美元，仅相当于传统贸易统计方式的 3.87%（S. Miroudot，2011[6]）。中国社会科学院财贸经济研究所一项针对中国出口企业的调查表明，在中国的手机出口中，中国不得不将国产手机售价的 20%、计算机售价的 30%、数控机床售价的 20% ~40% 支付给国外专利持有者，致使我国企业在计算机出口中每台平均利润不足 5%；DVD 机每台售价不到 30 美元，交给别人的专利费接近 10 元人民币[7]。从中国整体的相关统计上看，这一特点表现得更为明显。根据中国商务部政策研究室和中国科学院数学与系统科学研究院合作出版的《2018 年全球价值链与中国贸易增加值核算研究报告》的研究表明，虽然 2018 年中国出口总值达到 27035.4 亿美元，再创历史最高水平，但与 GDP 的比率持续为 19.9%。若以增加值来核算，2018 年中国的出口增加值则为 19493.8 亿美元，占当年 GDP 的比重降至 14.3%，与出口总值口径统计的结果相比，其与 GDP 的比率减少了 5.6 个百分点。其中，2018 年加工贸易在出口总值中的比重为 29.5%，与 2010 年相比下降了 12.9 个百分点，在货物出口中的占比则为 32.0%，以出口增加值计算，2018 年加工贸易的出口增加值为 3297.6 亿美元，仅占总出口增加值的 16.9%[8]。

在这一大背景下，对于像中国这种加工贸易出口曾经占对外贸易 20%~50% 的发展中贸易大国，传统的基于出口贸易总量来测算一国出口贸易结构的方法，已无法准确地反映一国要素禀赋和出口贸易收益的变化，需要在全球价值链分工的背景下，从附加值结构的角度，来具体、深入地分析中国出口贸易商品结构问题，具体分析在中国的出口中，国内附加值究竟有多少？中国在哪些行业出口中的国内附加值占中国全部出口国内附加值的比重较高？在中国货物贸易行业（包括农业和制造业）和服务贸易行业，中国出口国内附加值的构成有何差异？有鉴于此，本书的研究拟从附加值结构的视角，并从横向和纵向两个维度，将分析中国出口贸易的国内附加值商品结构作为分析在全球价值链分工背景下中国出口贸易发展变化的切入点，分析中国出口国内附加值商品结构的演变特点和发展趋势。相对于单纯地从贸易总量上来分析中国出口商品结构问题，本书的研究将更有助于我们了解在全球价值链分工背景下中国出口贸易及其结构的发展变化与主要特点。

二、研究意义

所谓结构即“构成事物整体的各个部分及其搭配、组合的方式”[9]。简单地说，结构就是比重，就是构成一件事物或一种现象的内部各组成部分的比例。任何一件事物的变化，必然源于其各组成部分及其比例的变化，也就是其内部结构的变化。可以说，从某种意义上讲，正是由于结构的变化才导致了事物的量变和质变。相对于对总量变化的分析而言，对于某一事物结构变化的分析更能反映事物的本质和规律，因此，对一事物内部结构的研究为我们研究该事物提供了除总量分析之外的另一种分析方法，可以弥补对一事物总量分析时的不足。通过对一事物内部各组成部分构成比例即结构的研究，分析一事物结构变化的原因及特点，找到事物发展变化的根本原因，有助于我们站在全局的高度，从整体上把握事物发展变化的全貌，更加全面、科学地了解所要研究事物的发展规律和发展趋势。本书以全球价值链分工为背景，从出口国内附加值的角度，研究中国出口国内附加值商品结构问题的意义亦在于此。

在全球价值链分工背景下，不同的生产环节被分散于世界各国和地区，同一产品由不同的国家或地区进行生产、加工和组装，并通过出口贸易销往世界各地，一国出口产品中包含大量的进口成分，即并非全部是由出口国生产的。因此，基于出口贸易总量来分析一国或地区的出口无法反映一国或地区对外贸易的真实情况，即无法真实反映一国或地区在国际贸易和国际分工中所扮演的实际角色（或者说所处的实际地位），以及从国际贸易分工中所获得的实际利益，所以本书选择从出口贸易附加值及其结构的视角来分析一国或地区的出口贸易。其研究的理论与现实意义不言自明。

（一）理论意义

本书沿着从出口贸易总量到出口贸易结构（主要是商品结构），再到出口贸易国内附加值及其结构的路径，对中国出口贸易（包括货物贸易出口和服务贸易出口）结构进行分析和研究，将研究的重点放在对全球价值链分工背景下，一国出口贸易国内附加值商品结构的分析上，相对于基于贸易总量的研究，本书的研究无疑具有更为重要的理论意义，并将对中国出口贸易、对外贸易和国际贸易相关理论研究作出应有的贡献。

（二）现实意义

在全球价值链逐渐形成的大背景下，将中国出口国内附加值商品结构作为研究中国对外贸易（根据贸易对象可以分为总贸易、货物贸易和服务贸易，货物贸易和服务贸易之和为总贸易，即广义的对外贸易；根据贸易品的最终用途可以分为总产品、最终品和中间品，最终品和中间品之和为总产品）发展现状、特点和趋势的切入点，在相关研究文献的基础上，从中国总贸易出口、货物贸易出口和服务贸易出口三个方面，从中国不同要素密集型行业出口国内附加值额与各行业出口国内附加值占比两个维度，在总产品、最终品和中间品出口三个层面，采用静态指标和动态指标，全面、系统、深入地分析和研究中国出口国内附加值商品结构变化的特点与原因，以及发展趋势和影响因素。这不仅有助于我们更好地了解中国出口贸易的发展现状、发展特点和存在问题，准确地把握中国出口贸易乃至世界贸易的发展趋势和发展方向，从而在国际贸易中赢得主动，争取获得更大的利益，还可为中国各级政府和各类企业等的决策提供重要依据或参考。

第二节 主要概念界定

一、价值链（Value Chains）

美国哈佛大学商学院教授迈克尔·波特（Michael Porter）于1985年提出了“价值链”的概念。他认为，“每一个企业都是在设计、生产、销售、发送和辅助其产品的过程中进行种种活动的集合体。所有这些活动可以用一个价值链来表明”。企业的价值创造是通过一系列活动构成的，这些活动可分为基本活动和辅助活动两类，基本活动包括内部后勤、生产作业、外部后勤、市场和销售、服务等；而辅助活动则包括采购、技术开发、人力资源管理和企业基础设施等。这些互不相同但又相互关联的生产经营活动，构成了一个创造价值的动态过程，即价值链[10]。

虽然价值链的每一环节都与其他环节相关，但是一个环节能在多大程度上影响其他环节的价值活动，则与其在价值链条上的位置有很大的关系。根据产品实体在价值链各环节的流转程序，企业的价值活动被分为“上游环节”和“下游环节”两大类。在企业的基本价值活动中，材料供应、产品开发、生产运行被称为“上游环节”；成品储运、市场营销和售后服务被称为“下游环节”。上游环节经济活动的中心是产品，与产品的技术特性紧密相关；下游环节的中心是顾客，成败优劣主要取决于顾客特点。不管是生产性还是服务性行业，企业的基本活动都可以用价值链来表示，但是不同的行业价值的具体构成并不完全相同，同一环节在各行业中的重要性也不同。

二、生产价值链（Value Chains of Production）

生产价值链是指产品从研发、设计直到最终完成产品生产的这一完整的生产流程。这其中主要包括研发和设计、原材料采购、产品加工、产品组装等生产流程。在这一过程中，每一个生产环节均需要投入相应的劳动，创造相应的价值，因此，这一过程被称为生产价值链。

三、全球价值链（Global Value Chains，GVC）

以格里芬（Gereffi，2001[11]）为代表的一些学者在波特等人的研究基础上提出了“全球价值链”的概念。联合国工业发展组织对于全球价值链的定义为：全球价值链是指为实现商品或服务的价值而连接生产、销售、回收处理等过程的全球性跨企业网络组织，涉及从原料采购和运输，半成品和成品的生产和分销，直至最终消费和回收处理的整个过程。包括所有参与者和生产销售等活动的组织及其价值、利润分配，当前散布于全球的处于价值链上的企业进行着从设计、产品开发、生产制造、营销、交货、消费、售后服务、最后循环利用等各种增值活动。

四、垂直专业化贸易（Vertical Specialized Trade，也称附加值贸易或价值链贸易，Value－added Trade or Trade of Value Chains）

垂直专业化分工是指各国中间品贸易不断增加，跨越多个国家的垂直贸易链不断延长，每个国家只在商品生产的某个或某几个生产环节进行专业化生产的分工与贸易现象。其主要特点是一国从他国进口中间品作为本国产品的投入品，并利用进口的中间品生产加工后出口到第三国，第三国再将进口品当作中间品投入，这样的过程一直持续到最终产品出口至最终目的地为止，在这一过程中，产品需要多次跨越国境，从而产生垂直专业化贸易。在部分文献中，垂直专业化贸易又被称为价值链贸易[12]。

五、中间产品（Intermediate Products）和最终产品（End Product；Final Products）

在垂直专业化贸易中，所交换的产品包括中间产品和最终产品。

中间产品简称中间品，是指为了再加工或者转卖用于别种产品生产使用的物品和劳动资料，如原材料、燃料等。或者，中间产品是指在一种产品从初级产品加工到提供最终消费经过一系列生产过程而没有成为最终产品之前处于加工过程的产品的统称。

最终产品简称最终品，是指一定时期内生产的而在同期内不再加工、可供最终消费和使用的产品。

六、产品附加值（Product Added Value）

产品附加值（亦称产品增加值）是在产品的原有价值的基础上，通过生产过程中的有效劳动新创造的价值，即附加在产品原有价值上的新价值。

七、出口中的附加值（Value Added in the Export）

出口中的附加值，简称出口附加值。根据投入产出理论，一国的出口可以分解成最终品出口和中间品出口，无论是最终品出口还是中间品出口，都是凝结在出口产品的生产过程中的有效劳动新创造的价值，即附加在出口产品原有价值上的新价值。出口商品的实质就是出口附加值。根据来源不同，附加值可以分为出口中的国内附加值和出口中的国外附加值。其中，出口中的国内附加值即出口产品中由本国有效劳动新创造的价值；出口中的国外附加值即由于在出口中包含了进口的中间产品，导致出口的产品中有一部分附加值是由国外有效劳动所创造的，这部分附加值即为出口中的国外附加值。

八、出口国内附加值商品结构（Domestic Value Added of Export Structures）

对于出口国内附加值商品结构的定义首先涉及对于对外贸易商品结构的定义。对于对外贸易商品结构的定义，张曙霄（2003）在徐崇温

（1986）对于结构的定义的基础上[13]，认为“对外贸易结构是指构成对外贸易活动的要素之间的比例关系及其相互联系，是一定时期内各类商品或某种商品在一国或地区对外贸易中所占的比重或地位”。它包括对外贸易活动主体之间、客体之间以及主体和客体之间的比例关系。一国或地区的对外贸易结构反映了该国或地区的比较成本优势、资源优势与规模优势[14]。姚枝仲（2008）认为，一个国家的对外贸易商品结构是指其“进口什么和出口什么”的这样一种格局[15]。蒋庚华（2011）结合以上学者和项俊波（2009）的分析认为[16]，对外贸易商品结构就是指构成对外贸易活动的各要素之间的比例关系和相互关系。以往对于对外贸易商品结构的研究，关注点主要集中于对外贸易各要素之间的比例关系，而较少将对一国对外贸易总量的研究和对对外贸易各要素之间比例关系的研究置于同等重要的水平上。因此，对外贸易商品结构应有广义和狭义之分，狭义的对外贸易结构仅指构成对外贸易活动的要素之间的比例关系，广义的对外贸易结构不仅包括对外贸易活动中各要素的比例关系，还应包括“进口、出口什么”和“进口、出口多少”，即不应仅包括各部分的相对量和其所占整体的比重，还应包括各部分的绝对量[17]。综合上述分析，中国出口国内附加值商品结构即中国出口中的国内附加值商品结构，本书中对于中国出口国内附加值商品结构的分析，主要包括中国出口贸易中的附加值比重、绝对量和分布。

第三节　研究内容与目标

一、研究内容

根据研究的总目标和子目标，遵循“理论研究—实证研究—对策研究”的分析范式，从理论和实证两个方面，从中国不同要素密集型行业

(资本和技术密集型行业、劳动密集型行业) 出口国内附加值额和出口国内附加值占中国全部行业出口国内附加值的比重两个维度，采用多种指标和多种方法，系统、深入地分析和研究中国出口国内附加值商品结构的演进特点、变化趋势和影响因素。具体来讲，本书的研究内容主要包括以下几个方面：

(一) 相关理论分析

以国际贸易理论中的古典贸易理论、新古典贸易理论、新贸易理论、新新贸易理论等相关理论模型为基础，深入分析一国出口国内附加值商品结构的决定因素。

(二) 中国出口国内附加值商品结构的测算和分析

首先，构建衡量一国出口国内附加值商品结构的一般分析框架；其次，基于附加值贸易统计体系，以国家间非竞争型投入产出表为基础，在行业层面，采用静态指标（出口额和出口比重）和动态指标（出口额和出口比重变化率），对中国出口国内附加值商品结构进行系统、深入的分析。该部分内容一方面通过准确测算和深入分析中国出口国内附加值商品结构的演进特点和变化趋势，来为中国未来提高出口贸易收益提供数据支持；另一方面，这部分内容的测算结果也将为本书的实证研究提供数据准备。

(三) 中国出口国内附加值商品结构的影响因素分析

在相关理论框架的基础上，采用计量经济学的相关研究方法（详见下面的研究方法部分），具体、深入地分析中国出口国内附加值商品结构的影响因素。本部分内容将为找寻制约中国出口贸易国内附加值商品结构并进一步优化的因素提供依据。

(四) 政策启示和建议

在上述三部分研究内容的基础上，从进一步优化中国出口国内附加值商品结构（中国出口贸易商品结构）、提高中国出口国内附加值（中国出口贸易收益）、促进中国从贸易大国向贸易强国转变方面，提出具有一定价值的政策启示和建议。

基于上述研究框架，本书拟定如下七章研究内容。

第一章，引言。主要阐述本书的研究背景和意义、重要概念的界定、研究内容和目标、研究的重点难点和方法步骤以及研究的主要创新和不足之处等内容。

第二章，相关文献综述和理论分析。首先，对与本书密切相关的研究文献进行简要的梳理和述评；其次，基于古典贸易理论、新古典贸易理论、新贸易理论等经典国际贸易理论，分析在全球价值链分工背景下一国出口国内附加值商品结构的决定因素；最后，鉴于依据不同的理论均可以对一国出口国内附加值商品结构进行分析，本书仅选取一种理论为依据，采用数理经济学和图形分析法对其进行分析。主要以李嘉图的连续统模型为基础，通过构建决定一国出口国内附加值商品结构的理论模型，为解释一国出口国内附加值商品结构的决定因素提供一个可供实证检验的理论模型。

第三章，中国总贸易出口国内附加值商品结构分析。首先，基于贸易总量数据对中国出口商品结构进行简要分析；其次，根据国家间非竞争型投入产出数据，将中国出口附加值分解为国内附加值和国外附加值。在此基础上，基于贸易附加值数据，鉴于出口中的国内附加值和国外附加值二者在重要性上存在互为“镜像”的关系，并且出口中的国外附加值更多地是由国外因素所决定，出口国国内在大多数情况下无法左右，因此，将中国总贸易出口国内附加值作为主要分析指标，从中国不同要素密集型行业（资本和技术密集型行业、劳动密集型行业）出口国内附加值额及其占中国全部行业出口国内附加值额的比重两个维度，在总产品出口、最终品出口、中间品出口三个层面，系统、深入地分析中国出口国内附加值商品结构。

第四章，中国货物贸易出口国内附加值商品结构分析。在基于贸易总量数据对中国货物贸易出口商品结构进行简要分析的基础上，基于国家间非竞争型投入产出表，从中国不同要素密集型行业（资本和技术密集型行业、劳动密集型行业）出口国内附加值额及其占中国货物贸易行业出口国内附加值额的比重两个维度，在总产品出口、最终品出口、中间品出口三个层面，对中国货物贸易出口国内附加值商品结构进行系统、深入的分析。

第五章，中国服务贸易出口国内附加值商品结构分析。这章结构安排与第四章类似，同样在基于贸易总量数据对中国服务贸易出口商品结构进行简要分析的基础上，根据国家间非竞争型投入产出表中的相关数据，从中国不同要素密集型行业（资本和技术密集型行业、劳动密集型行业）出口国内附加值额及其占中国服务贸易行业出口国内附加值额的比重两个维度，从总产品出口、最终品出口、中间品出口三个层面，对中国服务贸易出口国内附加值商品结构进行系统、深入的分析。

第六章，中国出口国内附加值商品结构的影响因素实证分析。以中国出口国内附加值商品结构作为分析对象，采用计量经济学的相关研究方法，从中国资本和技术密集型行业、劳动密集型行业出口国内附加值额及其占中国不同要素密集型行业出口国内附加值额的比重两个维度，在总产品出口、最终品出口和中间品出口三个层面，分别对中国总贸易（广义对外贸易，包括货物贸易和服务贸易）出口国内附加值商品结构、中国货物贸易和服务贸易出口国内附加值商品结构的影响因素进行实证分析，以验证第二章理论分析中所得到的理论假说。

第七章，主要结论与政策启示和建议。在凝练从以上各章理论分析和实证分析中所得到的主要结论的基础上，从进一步优化中国出口国内附加值商品结构（中国出口贸易商品结构）、提高中国出口国内附加值（中国出口贸易收益），促进中国从贸易大国向贸易强国转变等方面，提出相应的政策启示和建议。

二、研究目标

（一）研究总目标

在中国日益融入全球价值链的背景下，本书从多个不同的角度全面、系统、深入地分析和研究中国出口国内附加值商品结构的发展现状、演变特点和发展趋势，提出在中国通过融入全球价值链分工获得经济全球化收益的同时，进一步优化中国出口国内附加值商品结构的政策启示和建议。

（二）研究子目标

根据总体研究目标，本书确定了以下三个研究子目标：

第一，从理论上深入分析一国出口国内附加值商品结构的决定或影响因素。

第二，以全球价值链分工为背景，系统、深入地分析中国出口国内附加值商品结构的演变特点和发展趋势。

第三，在中国融入全球价值链分工的程度不断加深的同时，分析和探讨应该采取哪些政策措施来促进中国出口国内附加值商品结构的进一步优化和中国出口贸易收益的进一步提高，进而促进中国从贸易大国向贸易强国转变。

第四节　研究重点、难点以及方法步骤

一、研究重点

本书的研究重点主要有两个。

1. 中国出口国内附加值商品结构的测算。本书将从多个角度，对中国出口国内附加值商品结构进行测算，其测算结果的准确与否，直接关系到本书研究结果的可信程度。因此，能否对中国出口国内附加值商品结构进行相对客观、准确的测算是本书研究的第一个重点。

2. 选择合适的计量模型对中国出口国内附加值商品结构的影响因素进行实证研究。根据理论模型和相关数据的性质，能否找到合适的计量方法来对中国出口国内附加值商品结构的影响因素进行实证研究，直接关系到

本书实证研究的结果和可信度。因此，选择最适合的计量模型对本书所研究的内容进行实证检验是本书研究的第二个重点。

二、研究难点

在从行业层面的相关数据来分析中国出口国内附加值商品结构时，为了充分利用现有数据，对中国出口国内附加值商品结构进行全面、系统的分析，这就需要基于现有的国家间非竞争型投入产出表，对部分国家和地区的数据、部分根据不同划分标准分类的行业和不同年份的相关数据进行整合。因此，能否准确地将这些国家和地区整合成可以反映本书研究需要的国家间非竞争型投入产出表，直接关系到本书研究的准确度和可信度。所以，这是本书研究中的一个主要难点。

三、研究方法

本书采用理论研究和实证研究相结合、定性分析与定量分析相结合的研究方法。首先，对有关一国出口国内附加值商品结构的理论进行梳理和述评；其次，基于中国的相关数据，在全球价值链分工背景下，从行业层面和附加值角度，分析中国出口国内附加值商品结构；再次，采用定量分析方法，分析中国出口国内附加值商品结构的影响因素；最后，通过前述研究获得本书的主要结论和政策启示，在此基础上提出相应的政策建议。

具体来讲，本书所采用的主要研究方法如下：

（一）系统分析和比较分析方法

通过查阅、研读相关文献，从不同层次、不同角度对有关一国出口国内附加值商品结构的理论进行深入分析，并且运用比较分析的方法对各种理论的异同进行分析比较。

（二）投入产出分析方法

本书宏观层面的数据来源之一是国家间非竞争型投入产出表，因此需要使用投入产出表来对中国出口国内附加值进行测算，在此基础上，进一步对中国出口国内附加值商品结构进行测算。因此，投入产出分析将是本书采用的一个主要研究方法。

（三）计量分析方法

本书将在相关理论分析的基础上，采用计量经济学的分析方法实证检验中国出口国内附加值商品结构的影响因素，主要依据所研究的内容和数据的性质选择适当的计量分析方法，所使用的计量分析方法主要包括面板数据的固定效应模型（FE）、工具变量法（IV）、动态面板数据模型、向量自回归模型（VAR）、格兰杰因果关系检验等。

四、研究步骤

本书研究主要分为以下几个研究步骤：

第一步，通过对相关文献的梳理和研读，从理论上分析一国出口国内附加值商品结构的决定因素。

第二步，对中国出口贸易结构的演变过程进行简要分析，以期从出口贸易总体的角度，对中国出口贸易（包括货物贸易出口和服务贸易出口）的发展情况有一个整体的认识。

第三步，基于世界投入产出数据库中的国家间非竞争型投入产出表，系统、深入地分析中国出口国内附加值商品结构。

第四步，在相关理论框架的基础上，主要采用实证研究的方法，分析研究中国出口国内附加值商品结构的影响因素。

第五步，在上述四个研究步骤的基础上，总结、凝练本书研究的主要结论，并据此从进一步优化中国出口国内附加值商品结构（中国出口贸易商品结构）、提高中国出口国内附加值（中国出口贸易收益）、促进中国从贸易大国向贸易强国转变等方面，提出相应的政策启示和建议。

五、技术路线

本书的技术路线如图 1-1 所示。

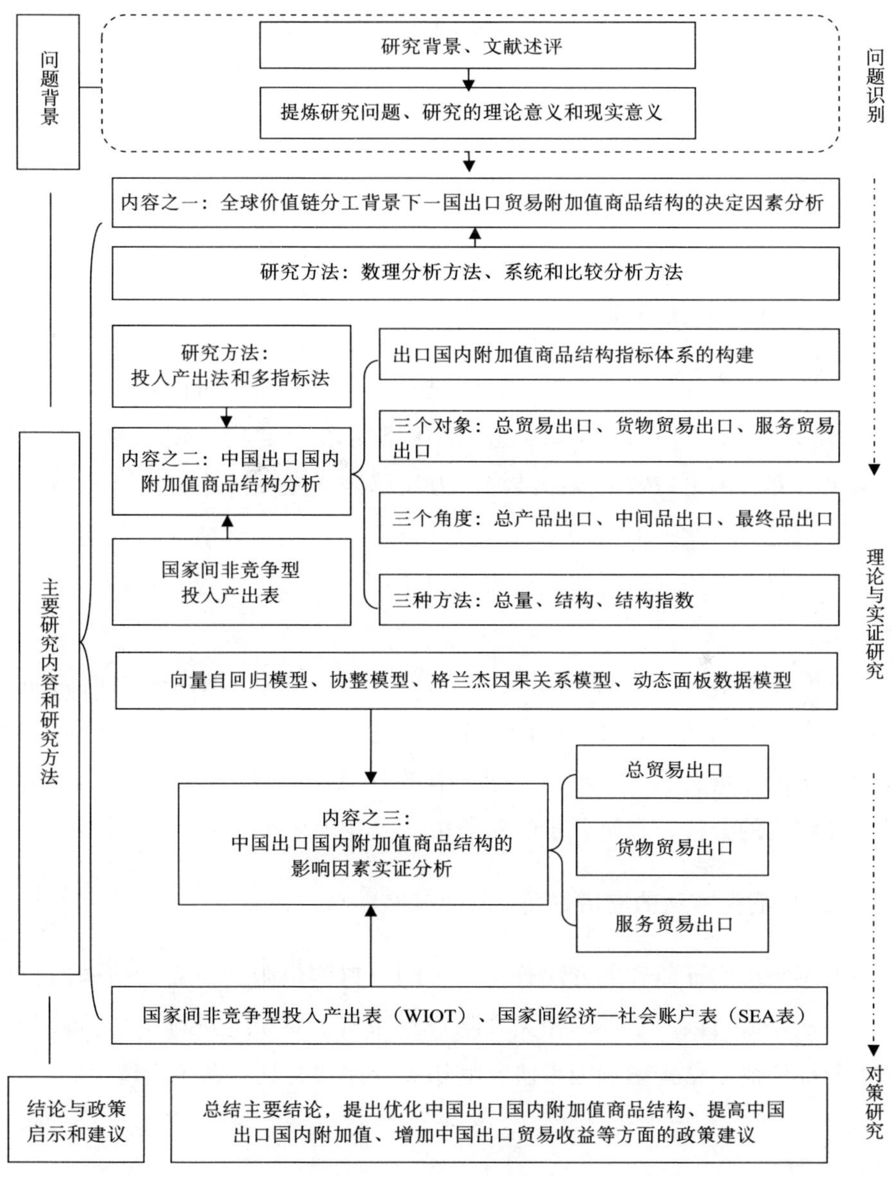

图 1-1 技术路线

第五节 创新和不足之处

一、创新之处

（一）研究视角方面

在全球价值链分工背景下，一国对外贸易的收益不再由其出口什么和进口什么所决定，而由其出口和进口中的附加值所决定。传统的基于贸易总量来研究一国出口贸易商品结构的方法已经无法反映中国对外贸易发展的实际情况。因此，本书以全球价值链分工为背景，从结构的视角来研究中国出口贸易中的国内附加值构成、现状特点和变化趋势，具备一定的创新意义。

同时，本书对“全球价值链分工背景下一国出口国内附加值商品结构”的理论分析表明，经典的国际贸易理论中对于一国出口贸易商品结构决定因素的分析仍然适用于在全球价值链分工背景下对一国出口国内附加值商品结构的分析，只是分析的对象由产品变为生产环节。

（二）研究方法的应用方面

本书采用实证研究的方法分析了中国出口国内附加值商品结构的影响因素。从作者目前所掌握的相关文献资料来看，系统地进行中国出口贸易国内附加值商品结构影响因素研究的相关论述和文献资料还比较少。

二、不足之处

（一）研究层面方面

本书在分析中国出口国内附加值商品结构时，主要是基于国家间非竞争型投入产出表中所提供的数据，从宏观（国家）和中观（行业）层面来进行研究，由于时间、数据等方面的原因，没有从微观（企业）层面来对这一问题进行研究。这是本书研究的一个主要不足之处，也是作者未来的一个研究方向。

（二）研究内容方面

对于一国对外贸易结构的研究，不仅包括商品结构，也包括区域结构（内部区域结构和外部区域结构）、方式结构和模式结构等方面的研究；在商品结构中，包括出口商品结构和进口商品结构。因此，从理论上讲，如果要研究中国出口贸易附加值结构，也应该相应地包含以上几部分内容。但是，本书只对中国出口国内附加值商品结构进行了分析研究，而没有对基于国内附加值的其他几种结构进行研究。这主要是由于时间、工作量和文章篇幅等方面的限制。因此，对中国出口贸易进而对中国对外贸易附加值结构的研究，也将是作者未来的一个研究方向。

第二章

相关文献综述和理论分析

在本章中，首先，对与“全球价值链分工背景下中国出口贸易附加值商品结构问题研究”密切相关的文献进行简要梳理和述评。其次，基于古典贸易理论、新古典贸易理论、新贸易理论等经典国际贸易理论对全球价值链分工背景下一国对外贸易附加值商品结构的决定因素等进行理论分析。在此基础上，由于在对不同的国际贸易理论进行适当的修改后，均可用以对一国出口国内附加值商品结构进行分析。因此，本书仅以李嘉图的连续统模型为例，来分析在全球价值链分工背景下，比较优势如何决定一国出口国内附加值商品结构。最后，对本章研究作出小结。

第一节　相关文献综述

鉴于“全球价值链分工背景下中国出口贸易附加值商品结构问题研究”的基础是对一国对外贸易附加值的分解和测算，因此，作者将全球价值链的测度方法与中国对外贸易附加值商品结构研究两个问题放在一起，对相关研究文献进行简要梳理和述评。

一、对一国对外贸易附加值进行分解和测算的相关文献

总体来说，测度一国参与全球价值链的方法，主要可以分为：实地调研法（或个案分析法）、特别关税减让条目下的贸易统计、国际贸易标准分类（SITC）中的统计数据的使用、投入产出法等四种方法（Daudin 等，2011[18]）。

（一）实地调研法

实地调研法，又称案例分析法，主要通过实地调研获取相关企业在出口中的进口投入的方法，从而测出企业出口中的国内附加值和国外附加值。1996 年 9 月 22 日，美国《洛杉矶时报》刊登了题为《芭比娃娃与世

界经济》的文章。文章中指出，在美国，一个芭比娃娃的售价为 9. 99 美元，从中国进口时的计价为 2 美元，其余部分为在美国国内增加的费用，如运输、广告费用和商家利润等，它为美国人创造了数以千计的工作岗位。在进口的 2 美元中，中国只占 35 美分的劳务成本，其余部分是 65 美分的原材料费用和 1 美元的运输与管理费用，其中包括经营玩具生产的中国香港特区公司所获得的 10 ~ 20 美分的利润。在 65 美分的原材料中，石油产自沙特阿拉伯，经美国得克萨斯州等地精炼后为乙烯，由中国台湾加工成乙烯塑料颗粒，然后制成芭比娃娃的身体；日本提供尼龙制的头发；美国生产硬纸包装盒。中国 35 美分的劳务所得仅占芭比娃娃在美国售价的约 3%[19]。G. D. Linden 和 K. L. Kraemer（2009）针对第五代 iPod 的研究表明，苹果第五代 iPod 产品总价值 299 美元，共有 451 个部件，其主要部件的分工网络和价值分割体系基本如下：销售，美国渠道商和零售商获取 75 美元；资源整合，美国苹果公司获取 80 美元；硬盘，日本东芝公司提供，30G 硬盘价值 73 美元，东芝得 19 美元，实际生产地在中国；显示器模块，由东芝合资公司提供，20 美元，在日本生产；芯片，由美国公司提供，13 美元，生产地在美国或新加坡或中国台湾；存储器，由韩国公司提供，2 美元，韩国生产；组装，中国内地（中间通过中国台湾代工商），得近 4 美元[20]。亚洲开发银行研究所的研究表明，一部苹果手机批发价是 178. 96 美元，其中日本、德国和韩国分别能获得 34%、17%、13% 的分成，中国只能拿到 3. 6%，约 6. 5 美元[21]。

国内学者采用实地调研法对全球生产价值链中的收益分配的研究主要包括水清木华研究中心（2006）对一台采用 Pentium M 740 为 CPU 的笔记本电脑的成本进行了分解，其采用二代 SONOMA 平台，15. 4 英寸 WXGA 型 LCD 显示屏，256MB DDR333 内存，DVD 刻录光驱，60G 5400 转硬盘，预装 Windows XP。该产品出厂的成本价约为 900 美元，“高技术壁垒”生产环节如 CPU、软件、显示屏等占据了成本的绝大部分，而低技术、高度竞争的制造、外壳等环节只占总成本的极小一块[22]。张纪（2006）针对中国笔记本电脑价值链的分析表明，在笔记本电脑产业零部件供应网络中，关键零部件如 CPU、计算机芯片、动态随机存储器等高技术含量的产品集中在美国、日本、韩国和中国台湾生产，一般零部件如主板、显卡、鼠标等主要由中国大陆、中国台湾等生产。台湾 ODM 企业的总部和研发中心一般设在台北市，为了保护知识产权，提高竞争优势，大型企业积极扩大台北的研发机构，而为了降低成本，几乎所有的生产设施都位于中国长江三角洲地区的上海、昆山、苏州等地[23]。裴长洪、高培勇（2008）对中国手机企业的调查研究表明，在中国的手机出口中，中国不得不将国产手机售价的 20%、计算机售价的 30%、数控机床售价的 20%～40% 支付给国外专利持有者，致使我国企业每台计算机平均利润不到 5%，DVD 机每台售价不到 30 美元，交给别人的专利费接近 10 元人民币[24]。与上述研究相类似的采用实地调研法来研究全球生产价值链中各国利益分配的研究还包括诸如刘戒骄（2011）对苹果、波音和英特尔等信息技术公司的分析[25]、林玉盛（2018）以智邦公司为例对中国台湾电子代工企业出口问题的研究[26]等。

（二）使用特别关税减让条目下的贸易统计

全球价值链测度方法中的第二种是使用特别关税减让条目下的贸易统计来计算或者衡量一国出口产品中的进口中间投入。使用这种方法的理由是，大部分国家对于中间品进口提供了优惠关税，如果某个企业利用了这些优惠关系，就将这些企业的进口划归为中间品进口。在这类研究中，D. L. Swenson（2005）针对美国境外装配计划（OAP）的相关研究表明，1980～2000 年美国企业的外包活动显著上升[27]，H. Egger 和 P. Egger（2006）针对欧盟国家相关数据的研究也认为欧盟国家的企业外包活动明显上升[28]。

（三）使用国际贸易标准分类（SITC）中的统计数据

全球价值链测度方法中的第三种是使用国际贸易标准分类（SITC）中的第七、第八两章中的五位数分类产品作为中间投入品。由于国际贸易标准分类（SITC）中第七、第八两章中的五位数分类产品多为中间产品，因此，可以将其近似地作为一国进口中间产品的替代。A. J. Yeats（2001）利用这一方法认为，OECD 国家出口的中间产品上升了 30%[29]。P. C. Athukorala 和 N. Yamashita（2006）的研究则表明，1992～2003 年世界中间品贸易出口占世界贸易总出口的比重由 18.5% 上升到 22%[30]。S. Miroudot（2009）的研究表明，中间投入品贸易占世界机械产品贸易的比重由 1999 年的接近 50% 上升到 2007 年的接近 60%[31]。与之类似的国外学者的研究还包括 F. Ng 和 A. Yeats（1999）利用区域间和区域内的零部件贸易的相关数据对东亚生产分工体系形成的原因、性质、幅度、动机的研究[32]；H. Goerg（2000）利用美国和欧盟之间的零部件贸易的相关数据对全球生产网络形成的决定因素的分析[33]；F. Ng 和 A. Yeats（2003）使用 SITC 3.0 版中的第七和第八两章中的五位数分类数据的进出口贸易数据对东亚地区贸易趋势的研究[34]；K. M. Yi（2003）对全球中间产品贸易的估计[35]；S. Lall，M. Albaladejo 和 J，K. Zhang（2004）对全球价值链生产网络的推动力以及东亚和拉美电子与汽车行业垂直专业化贸易的分析[36]；A. Amighini（2005）使用联合国贸易数据库（UN Comtrade）中的 SITC Rev. 3.0 五位数的数据对中国信息技术产品贸易（ICT 产品）的研究[37]；G. Zeddies（2007）对欧盟国家内部间垂直专业化贸易的影响因素的分析[38]等。

国内的相关研究中较有代表性的是蒲华林（2011）使用 SITC 分类中第七、第八两章五位数分类数据对中国零部件贸易的研究。该研究表明，中国同时进口和出口零部件，中国对北美自由贸易区（NAFTA）、欧盟、东欧 10 国以及南方共同体市场四大地区的零部件出口均大于进口，对东盟则表现为零部件进口大于出口；从国（地区）别情况来看，则表现为中国零部件贸易的主要对象为中国香港特区以及日本、韩国、美国、德国等国家，对韩国、新加坡、马来西亚、泰国等国的零部件贸易增幅较大[39]。与蒲华林（2011）所使用的方法相类似的研究还有诸如蒲华林和张捷（2012）对产品内国际分工与贸易和中国获取价值的研究[40]、成丹和赵放（2011）对中国中间产品贸易的研究[41]、林桂军和邓世专（2011）对亚洲各国关联度的分析[42]、喻春娇等（2012）对台湾海峡两岸 ICT 制造业的贸易模式及其决定因素的分析[43]、邓世专（2013）对亚洲工厂零部件产品依存度的分析[44]；李宏兵和赵春明（2013）对环境规则与中国中间品出口间的关系的研究[45]；刘海洋、林令涛和高璐（2017）采用中间品进口数据对中国出口产品质量的研究[46]等。

（四）投入产出法

投入产出法，即根据投入产出表中的相关数据来计算一国出口产品中的进口成分，在这一方法下，又可以进一步分为外包法和垂直专业化法两种，二者的区别在于对产品内贸易的定义不同。其中，外包法主要通过计算一国进口中的中间投入品来反映一国的产品内贸易情况，垂直专业化法则通过计算一国出口中的进口中间投入品来反映一国的产品内贸易的情况，二者在计算上的差别则在于外包法是计算一国进口中的中间投入品，而不关注这些进口中的中间投入品最终是由本国消费还是用于出口，而垂直专业化法则只是计算一国出口中的进口中间投入品。

1. 外包法

利用外包法的相关研究，一是在 R. C. Feenstra 和 G. H. Hanson（1996）所提出的外包指数的基础上进行的（以下简称 FH 指数）。R. C. Feenstra 和 G. H. Hanson（1996）将离岸外包定义为进口中间产品占一国非能源类产品总投入的比重[47]。J. Campa 和 L. S. Goldberg（1997）利用 FH 指数对美国、英国、加拿大、日本四国工业行业离岸外包情况进行了测度[48]。I. Geishecker（2006）基于 FH 指数，将离岸外包率分为广义离岸外包率和狭义离岸外包率。其中，广义离岸外包率是指进口中间品占总投入的比重，狭义离岸外包率是指进口的本行业中间品占总投入的比重[49]。J. Amador 和 S. Cabral（2008）对葡萄牙工业离岸外包水平的研究表明，20 世纪 90 年代后葡萄牙工业广义离岸外包水平显著上升，约占葡萄牙工业总产出的 23.8%[50]。I. Geishecker 和 H. Gorg（2008）结合大量家庭数据和投入产出表对国际外包与工资之间关系的研究，也采用了基于产业总产出来衡量的 FH 指数[51]。由于 FH 指数所采用的“相同比例假定”，即将中间投入品进口占该产品最终使用的比重近似作为各行业中间品进口的比重这一强假设，导致 FH 指数在计算一国外包程度时存在低估一国外包率的现象，F. Daveri 和 C. Jona－Lasinio（2008）直接回到了离岸外包率的原始定义上来，利用区分了进口中间投入和本国中间投入的投入产出表来直接计算不同国家和地区的离岸外包程度[52]。

国内的研究中，徐毅、张二震（2008）将广义离岸外包与狭义离岸外包之差定义为“差额离岸外包”[53]；唐玲（2009）将一国总体离岸外包分解为离岸物质外包和离岸服务外包，测度了中国 1997 ~ 2006 年 34 个工业行业的总体离岸外包率、离岸物质外包率和离岸服务外包率，认为中国工业行业的总体离岸外包率稳步提升；资本、技术密集型行业总体离岸外包率增长较快，高技术水平和高开放度行业的离岸外包率明显高于低技术水平和低开放度行业；服务离岸外包率普遍偏低，生产性和分配性服务业离岸外包率高于消费性和社会性服务业离岸外包率[54]。王中华和代中强（2009）使用 FH 指数，利用我国 1997 年与 2002 年的投入产出表分别计算了以我国为本位的工业行业物品外包、服务外包比率，并对两种外包率进行了比较，结果表明，服务外包的上升速度要远远超过制造外包的上升速度[55]。鲍晓华、张莉（2011）对 1987 ~ 2006 年中国工业行业离岸外包水平的测度表明，中国离岸外包水平整体呈上升趋势，资本密集型和技术密集型行业的离岸外包水平提高快于劳动密集型行业[56]。蔡宏波（2011）在 F. Daveri 和 C. Jona – Lasinio（2008）所提出的 DJ 指数的基础上，进一步提出了完全外包系数，并计算了 1997 年、2002 年和 2007 年中国材料外包、服务外包和狭义材料外包率，结果表明我国劳动密集型行业外包水平较低[57]。国内学者中与之类似的研究还包括诸如徐毅（2011）对中国离岸外包与生产率之间关系的研究[58]；肖芍芳和王俊杰（2012）对中国离岸外包对就业影响的研究[59]；姚星、周茂和郜筱亮（2016）在全球价值链分解视角下对中国离岸外包绩效的研究[60]；吕延方和王冬（2017）对离岸外包与环境质量之间关系的研究[61]；陈启斐和张为付（2017）利用投入产出数据对中国离岸外包和在岸外包的测算[62]；尹今格、宗毅君和雷钦礼（2019）增加值视角下我国对发达经济体发包与接包水平的测度[63]等。

2. 垂直专业化法

在利用垂直专业化法计算一国参与全球价值链分工的相关研究中和对

出口产品国内附加值的计算方法研究上，D. Hummels、J. Ishii 和 K. M. Yi（2001）将垂直专业化定义为出口产品中的进口品数额，提出了用于计算一国出口产品中外国要素投入的垂直专业化指数（简称 HIY 模型），并通过绝对额和相对量两种方法计算一国出口中的外国要素投入[64]。以平新乔为主要负责人的北京大学中国经济研究中心课题组（2006）利用 HIY 模型，结合中国投入产出表和联合国进出口贸易数据，对中国出口贸易中的垂直专业化与中国对美国出口贸易中的垂直专业化程度进行了分年度的计算，计算结果显示，中国出口贸易中的垂直专业化的价值比率已从 1992 年的 14% 上升至 2003 年的 21.8%。中国对美国出口贸易中的垂直专业化的价值比率从 1992 年的 14.7% 上升至 2003 年的 22.94%。来自日本的中间品在中国对美国出口品中的垂直专业化程度占比大约为 1/5，如果加上来自韩国的中间品进口，那么日韩对中国的中间品出口在中国对美国出口的垂直专业化程度中约占 1/3，这说明中国对美国出口贸易反映了东亚对美国的产业链效应[65]。在使用 HIY 法计算垂直专业化法的早期，由于只能使用单一国既不区分中间品进口和最终品进口，也不区分不同国家之间进出口的投入产出表，即竞争型投入产出表，而这种竞争型投入产出表无法提供连续时间的数据，因此，部分学者通过数学方式，将不连续的竞争型投入产出表转化为连续的竞争型投入产出表，以便分析在一段时间内一国的垂直专业化程度。在这类研究中，宗毅君（2010）通过使用 RAS 法计算了中国工业行业连续时间的直接消耗系数，然后使用 HIY 模型计算了中国 21 个工业行业的垂直专业化程度[66]，但竞争型投入产出表只统计进口，由于无法区分中间品进口和最终品进口这一内在缺陷，导致无论使用何种方法，其计算结果都存在一定的欠缺。

HIY 模型存在着两个关键假设：一是出口产品和国内最终消费品对进口中间投入品的依赖程度相同，这一假设在以中国为代表的加工贸易占出口很大比例的国家中得不到满足；二是在进口中不存在间接国内成分，从而排除了一国向另一国出口的中间品经加工后再返销给本国的情况。事实上，国际生产分割背后的关键本质正在于这种国家在最终产品的生产价值链上彼此承接且紧密关联[67]。

基于上述两个过强的假设条件，在HIY模型的基础上，部分学者从方法和数据两个方面对其进行了完善和改进，以使其可以更加符合现实情况。在对数据的修正方面，早期对HIY模型的修订方式是通过将非竞争型投入产出表拆分成能够反映加工贸易特性的投入产出表或使用能够区分本国中间投入和进口中间投入的投入产出表，来达到放松HIY模型的第一个假设条件的目的。Lawrence J. Lau（2007）在中国非竞争型投入产出表的基础上，提出了能够反映中国加工贸易特点的非竞争（进口）型投入产出模型，并以此为依据计算了中国对美国出口中的国内附加值[68]。黄宁和蒙英华（2012）在HIY模型的基础上，使用细化的区分了加工贸易与一般贸易方式的海关进出口贸易数据，将以加工贸易方式进口的产品归类为进口中间品，从而将进口品划分为进口中间品和进口最终消费品两类，以此计算了中国出口产品结构优化程度，从而达到了放松HIY模型中第二个假设的目的[69]。R. Koopman、Z. Wang和S. J. Wei（2008）（简称KWW法）在对中国出口产品附加值的研究中，将加工贸易出口从传统的非竞争型投入产出表中独立出来，以体现加工贸易中使用更多的国外中间投入的特性[70]。J. Dean、K. C. Fung和Z. Wang（2008）在KWW法的基础上利用中国投入产出表将中国出口分为加工贸易出口和一般贸易出口，计算了中国出口产品的垂直专业化程度，结果表明，2002年中国出口的垂直专业化程度约占总出口的25%~46%，部分行业甚至达到了52%~95%[71]。郑昭阳和孟猛（2011）根据HIY模型，利用OECD数据库提供的区分了进口中间投入和本国中间投入的投入产出表和UN Comtrade数据库中的相关数据，测度了1993~2008年中国出口中的国内价值和国外价值，结果发现中国出口中的国外价值自1993年后显著上升，在国外价值中，来自东亚地区的国外价值在中国出口中占据了重要地位，从不同类型行业中的国外价值含量来看，高技术行业出口中国外价值含量较高，低技术行业出口价值基本都由本国创造[72]。R. Koopman、Z. Wang和S. J. Wei（2012）通过将中国投入产出表结合中国加工贸易数据，分析了加工贸易在中国出口中占有较大份额时，中国出口国内附加值的变化[73]。

近年来，更多的学者是从使用国家间投入产出数据和对HIY模型进行修订两个方面来计算各国和地区出口产品的附加值。其优点在于：一是由于现实中各国和地区对其他国家和地区进口产品的需求不同，使用国家间投入产出表可以更加准确地体现出一国出口中对各国进口中间投入品的依赖程度，从而克服 HIY 模型中第一个假设的缺陷；二是通过对 HIY 模型计算方法的修订可以更加准确地测度一国出口产品中的间接附加值和再进口附加值，从而克服 HIY 模型中第二个假设的缺陷。在使用国家间投入产出数据来计算出口产品附加值方面，G. Daudin、C. Rifflart 和 D. Schweisguth（2011）利用 GTAP 投入产出表数据的研究表明，2004 年世界贸易中的 27%为附加值贸易，东亚地区的区域内贸易大多为附加值贸易[74]。R. C. Johnson 和 G. Noguera（2012）利用 GTAP 7.1 数据库中 2004 年 19 个地区 94 个国家 57 个行业投入产出数据的研究表明，工业出口中的国内附加值要低于服务业出口中的国内附加值[75]。在对 HIY 模型的修订方面，R. Koopman、Z. Wang 和 S. J. Wei（2010）在 HIY 模型的基础上提供了一个用于计算一国出口中不同类型附加值的统一框架，将一国的出口分解为最终产品出口中的本国附加值、中间产品出口中的本国附加值、再进口中的本国附加值和外国附加值四个部分，并根据 GTAP 数据库的数据计算了 2004 年世界主要国家出口中的附加值，结果表明欧盟、东亚和北美三大地区内部各国间的贸易更为紧密[76]。R. C. Johnson 和 G. Noguera（2011）将一国出口产品的国内附加值分解为最终产品出口国内附加值、中间产品出口国内附加值和本国间接出口到第三国的国内附加值三个部分[77]。R. Koopman、Z. Wang 和 S. J. Wei（2012a）在上述研究的基础上将一国的总产出分解成本国消费和出口两部分，每一部分又按照附加值来源的不同分解为本国生产、外国进口、间接出口以及再进口四个部分，从而完成了对一国总产品中不同附加值来源的分解[78]。R. Koopman 等（2012b）进一步考虑了当存在加工贸易的情况下，一国出口产品中附加值的变化，并计算了中国加工贸易出口中的国内附加值的变化，结果表明，中国加工贸易出口中的国内附加值由加入 WTO 前的 50%上升到 2007 年 60%，但部分技术密集型行业的国内附加值仍低于 30%[79]。N. Foster - McGregor 和 R. Stehrer（2013）提供了一个当进口和出口中同时存在中间产品时，一国贸易附加值的测度方法，并使用世界投入产出数据中的相关数据对 1995 ~ 2011 年世界主要国家的出口进行了分解，结果表明，这一时期世界各国出口产品中的外国附加值上升幅度在 6% ~ 60% 之间[80]。R. Koopman、Z. Wang 和 S. J. Wei（2013、2015）在上述研究的基础上，进一步从行业层面，将一国出口中的附加值分解成了 16 个组成部分[81]。Z. Wang、S. J. Wei、X. D. Yu 和 K. F. Zhu（2017）在此基础上，对一国出口附加值的框架进行了进一步的分解，并基于新的分解框架，计算了世界主要国家和地区参与全球价值链的程度[82]。

上述学者的相关研究，主要是从国家（地区）和行业层面对一国出口附加值进行分解和测算，随着可获得数据的增加，还有部分学者是利用企业数据，对企业层面的出口附加值进行分解和测算。在这类研究中，唐东波（2012）将投入产出数据和中国微观企业数据相结合来对中国出口附加值进行分解和测算[83]。

还有部分学者从不同所有制、不同生产要素等方面，对一国出口中的附加值进行分解和测算。王岚（2018）从出口附加值属地的角度，对中美贸易进行了测算，结果表明，美国对华制造业 FDI 整体呈现市场寻求导向，而计算机、电子和光学设备行业 FDI 则具有典型的效率寻求型特征；剔除外资企业贡献后，中国对美国各行业出口的真实贸易收益率大幅下降[84]。李宏艳（2016）基于属权利益视角，测算了中国工业行业的属权贸易利益水平，结论表明，与属地贸易利益相比，我国工业行业属权贸易利益水平较高，并且逐年递增，这一方面源于成本较低的中间品进口，另一方面源于专业化生产和中间品出口，其中可制造业属权贸易利益规模较大，源于 FDI 规模大于 OFDI[85]。周琢和祝坤福（2020）对在华外资企业的要素属权结构与出口增加值的收益归属进行了分析，结果表明，中国属权要素出口增加值占属地出口增加值的平均比重为 65. 85%，两者之间的平均背离程度为 34. 15%[86]。

国内学者对基于垂直专业化法的研究，主要是基于 HIY 模型、KWW 法等方法和中国的相关数据，对与中国对外贸易相关的问题进行测算和分析。在这类研究中，可以进一步分为两类：一是对中国对外贸易附加值进行分解的相关研究，二是对中国与主要贸易伙伴之间贸易附加值的研究。

在对中国出口贸易附加值进行分解的相关研究中，早期的研究如前文所述的郑昭阳和孟猛（2011）的研究[87]。近年来，随着对一国出口附加值测算方法的逐渐成熟，大量基于投入产出数据和微观企业数据的研究相继出现，如张杰、陈志远和刘元春（2013）对中国出口国内附加值的测算与变化机制[88]，李昕和徐滇庆（2013）基于增加值贸易对中国外贸依存度和失衡度的重新估算[89]，罗长远和张军（2014）对中国增加值贸易的测算[90]，樊秀峰和程文先（2015）对中国制造业出口附加值估算与影响机制分析[91]，刘维林（2015）基于全球价值链对中国式出口的价值创造的研究[92]，程大中（2015）对中国参与全球价值链分工的程度及演变趋势的研究等[93]。

在对中国与主要贸易伙伴之间的贸易附加值的研究中，最早从附加值的角度对中国对外贸易进行研究的是前文中提到的以平新乔为首的北京大学中国经济研究中心课题组对于中美双边贸易垂直专业化程度的研究（以下简称平新乔等）。平新乔等（2006）采用了 HIY 模型，运用中国竞争型投入—产出数据，结合联合国贸易数据来分析中美双边贸易的垂直专业化程度。随着基于 HIY 模型的 KWW 法的构建和完善，大量对中国与主要贸易伙伴国之间垂直专业化程度和双边贸易中附加值测算的论文大量涌现。童伟伟和张建民（2013）使用 KWW 法，根据世界投入产出数据库（WIOD）中的相关数据，对 1995～2009 年中国对美国出口中的国内价值含量进行了测度，结果表明，中国对美国出口中的国内价值含量在波动中呈总体下降趋势；日本、韩国、美国以及中国台湾地区在中国对美国出口的境外价值构成中居于主导地位，但前三者的份额正逐步被欧盟国家所取代，这表明中国的中间投入品进口已呈现多元化趋势；在中国制造业各行业的对美国出口中，低技术行业的国内价值含量较高，而高技术与资源依赖型行业的国内价值含量则相对较低，这说明中国在参与国际产品内分工时，所承担的依然主要是劳动密集型环节[94]。与之类似的研究包括诸如葛明、赵素萍和林玲（2016）对中美双边贸易的研究等[95]。

二、关于中国对外贸易结构问题研究的文献

有关中国对外贸易结构问题研究的文献相对较多，其中，较有代表性的研究包括：张曙霄（2003）从中国对外贸易商品结构、方式结构、模式结构、内部区域结构和外部区域结构等几个方面较为全面、系统、深入地分析了新中国成立后至2000年前后中国对外贸易结构的特点及变化趋势[96]。在此基础上，洪宇（2009）研究了中国对外贸易结构的演进与背离问题，认为中国对外贸易结构的背离反映了中国鼓励资源型产品进口和制成品出口的战略性贸易政策，并在多数工业制成品的贸易上存在强调顺差的重商主义倾向[97]。李丹（2010）认为，中国服务贸易结构的发展趋势基本依照劳动密集型服务—资本密集型服务—人力资本和技术密集型服务的优化规律[98]。但从目前的状况来看，中国服务贸易结构依然相对落后，发展质量没有跟上发展速度，出口仍以传统服务产品为主。蒋庚华（2011）基于张曙霄（2003）的研究框架，从商品结构、模式结构、内部区域结构和外部区域结构等几个方面，对中国服务贸易结构进行了比较全面、系统的分析[99]。

三、关于中国出口贸易附加值结构研究的文献

在对中国对外贸易附加值结构进行研究的相关文献中，目前的研究主要集中在国家、行业、企业等不同层面来对中国出口贸易进行分解，并在此基础上分析中国出口贸易中的国内附加值总量和占该行业出口中的国内附加值的比重。在这类研究中，有代表性的如平新乔等（2006），Lawrence J. Lau（2007），R. Koopman、Z. Wang 和 S. J. Wei（2008），郑昭阳和孟猛（2011），黄宁和蒙英华（2012），童伟伟和张建民（2013），R. Koopman、Z. Wang 和 S. J. Wei（2013、2015）等的研究。这些研究所使用的对于中国出口中的附加值进行分解的方法有所差异，但得到的结论基本为中国高技术行业出口中的国内附加值较低。

在有关中国对外贸易附加值结构研究的文献中，如下文献值得关注。一是部分学者基于中国区域间投入产出表分析中国出口国内附加值究竟来自哪些省份，其中有代表性的文献包括苏庆义（2016）对中国省级出口增加值进行的分解[100]，倪红福和夏杰长（2016）对中国区域附加值的研究[101]，以及与之类似的黎峰（2017）的相关研究等[102]；二是将投入产出表与微观企业数据相结合，通过区别可以反映加工贸易和非加工贸易的非竞争型投入产出表，实现对中国加工贸易和一般贸易中的附加值结构进行分解和测算，如 R. Koopman、Z. Wang 和 S. J. Wei（2012）的研究等；三是对中国出口国内附加值外部区域结构的研究，这部分研究首先是对中国与主要贸易伙伴国之间双边贸易中的出口附加值进行分解，在此基础上，对中国出口国内附加值的外部区域结构进行研究（蒋庚华和林丽敏，2014[103]；王岚和盛斌，2014[104]；黎峰，2015a[105]、2015b[106]；唐文浩和黎峰，2017[107]；刘兆国，2019[108]；曲建忠和高越，2019[109]；刘淑颖，2019[110]等），这类研究，所用的方法基本相同，主要差别在于对中国与不同国家和地区的双边贸易进行分解和测算，从而对中国与不同国家和地区的双边贸易结构或区域结构进行分析。

四、简要述评

通过上述对一国对外贸易附加值进行分解和测算、对中国对外贸易结构和中国对外贸易附加值结构的相关研究文献的梳理来看，主要有以下几个特点：

第一，在早期，由于缺少国家间非竞争型投入产出数据，导致部分学者采用实地调研法、使用特别关税减让条目下的贸易统计、使用国际贸易标准分类（SITC）中的统计数据等方法粗略地对一国对外贸易附加值进行分解和测算。随着国家间非竞争型投入产出数据的完善和以 HIY 模型、KWW 法为代表的基于投入产出数据测算一国对外贸易附加值的方法的完善，目前的研究主要基于国家间非竞争型投入产出表，以 HIY 模型和 KWW 法作为基础的测算方法，通过对一国出口或进口的总值进行分解，从而实现对一国对外贸易附加值的分解和测算。近年来，更有学者将投入产出数据和微观企业数据相结合，或者将投入产出表数据和所有权归属数据相结合，对中国对外贸易附加值进行分解和测算。

目前在广泛使用的方法上，主要是在三个层面的研究（企业层面的案例分析、基于国家和行业层面的投入产出分析、利用企业微观数据和行业投入产出数据相结合对微观企业层面的分析，使用特别关税减让条目下的贸易统计和国际贸易标准分类中的统计数据这两种方法目前已较少使用）。使用高度整合的基于国家和行业层面投入产出数据，由于无法准确地对产品进行分类，将部分异质性产品归为一类，从而在测算时产生误差；即使使用投入产出数据和企业微观数据相结合，在利用微观企业数据时，由于无法得到所有企业的投入产出数据，只是通过将企业进出口数据、企业财务数据和行业层面的投入产出数据相结合来进行分析，所得到的结论也存在一定的偏误；使用案例分析的数据，虽然准确，但只能针对某一个体进行分析，无法扩展到对行业内乃至一国所有企业的分析。因此，在分析方法上，尚存在一定的改进空间。

第二，目前对于中国对外贸易结构的相关研究，大多数仍集中在基于中国对外贸易总量的相关数据来进行相关研究。由于在全球价值链分工背景下，单纯基于贸易总量来研究一国对外贸易，特别是在如中国这类加工贸易在对外贸易中仍然占有较大比重的国家，此种研究可能会造成一定的偏差。

第三，在有关中国对外贸易附加值结构的研究中，目前主要是通过对中国对外贸易附加值进行分解，从附加值总量的角度来研究这一问题，而鲜有从附加值结构视角进行的研究。例如，究竟哪些行业出口中的国内附加值占中国出口中的国内附加值的比重较高？哪些行业进口中的国外附加值占中国进口中的国外附加值的比重较高？从附加值角度和基于贸易总量来研究中国对外贸易商品结构有何异同？等等。而在全球价值链分工背景下，全面、系统、深入地分析和研究这些问题，对于优化中国出口贸易结构、提高中国出口贸易收益，无疑具有重要的理论与现实意义。

第二节 一国对外贸易附加值商品结构的决定因素理论分析

在这一部分中，本书将主要从理论方面来分析全球价值链分工背景下一国对外贸易附加值商品结构的决定因素。首先，基于经典国际贸易理论分析全球价值链分工背景下一国对外贸易附加值商品结构是如何决定的；其次，基于李嘉图连续统模型，构建用于解释全球价值链分工背景下一国对外贸易附加值商品结构决定的理论模型。

一、对经典国际贸易理论相关论述的分析

经典国际贸易理论包括古典贸易理论中的比较优势理论、新古典贸易理论中的要素禀赋理论和新贸易理论中的技术差距理论、产品生命周期理论、规模经济（规模报酬递增）理论等，其所研究的一个主要问题就是一国的对外贸易商品结构，即一国出口什么和进口什么。这些经典的国际贸易理论都是基于“福特制”的生产和对外贸易而产生的，即一国依据自身的比较优势和要素禀赋状况，以及与他国生产技术、产品生命周期和规模经济的差异等，而在本国生产某一种产品并参与国际贸易，从而决定了一国的对外贸易商品结构，即出口具有比较优势的产品，进口具有比较劣势的产品。在全球价值链分工背景下，随着以运输成本和通信为代表的交易成本的下降，使得跨国公司可以将产品拆分成不同的生产环节，依据各个生产环节所需要的要素禀赋、技术等因素的差异，将各个生产环节分散到各自具有比较优势的国家和地区进行生产并参与国际贸易，从而最大限度地降低生产成本。因此，从本质上说，全球价值链分工就是一国依据自身的比较优势，按照生产环节对产品所进行的重构。相应地，经典的国际贸

易理论，如果将其用于不同生产环节而非产品上，同样适用于对于一国对外贸易附加值商品结构的分析。

接下来，本章将重点阐述比较优势理论、要素禀赋理论、技术差距理论、产品生命周期理论、规模经济（亦称规模报酬递增）理论关于全球价值链分工背景下一国对外贸易附加值商品结构的决定问题。

（一）比较优势理论

英国经济学家亚当·斯密在《国民财富的性质和原因的研究》中分析了一国对外贸易商品结构产生的原因，认为一个国家应当生产和出口本国具有绝对优势的产品，进口本国具有绝对劣势的产品，通过国际分工和国际贸易从中获利。相应地，一国的对外贸易商品结构即由该国的绝对优势所决定。

英国经济学家大卫·李嘉图认为，一个国家不一定要专门生产本国与别国相比具有绝对优势，即劳动成本绝对低的产品，只要专门生产本国与别国相比具有比较优势的产品并进行对外贸易，即可从中获利。在比较优势理论下，一国的对外贸易商品结构是由各国的比较优势所决定的，一国出口具有比较优势的产品，进口具有比较劣势的产品。

在全球价值链分工背景下，世界各国和地区只是依据同一种产品具有不同比较优势的生产环节的差异来进行生产和对外贸易，即一国生产并出口具有比较优势的生产环节，进口具有比较劣势的生产环节。因此，在全球价值链分工背景下，一国对外贸易附加值商品结构由各国在不同生产环节上所具有的附加值的比较优势所决定，即当一国具有比较优势的生产环节较多时，该出口商品中的国内附加值就较高，反之，该国出口商品中的国内附加值就较低。

（二）要素禀赋理论

要素禀赋是指一个国家拥有的生产资源，主要包括土地、劳动和资本。瑞典经济学家伊利·赫克歇尔（Eli Filip Heckscher）和伯尔蒂尔·俄林（Bertil Gotthard Ohlin）基于 $2\times2\times2$（两个国家、两种产品、两种生产要素）的模型认为，不同产品在生产过程中的生产要素投入存在差异，不同国家所拥有的要素禀赋同样存在差异，在技术水平不变的条件下，不同国家和地区必然生产并出口由本国相对丰裕生产要素所生产的产品，进口由本国相对稀缺生产要素所生产的产品。即一国的对外贸易商品结构由该国与其他国家之间的要素禀赋差异所决定。

在全球价值链分工背景下，不同生产环节所需要的生产要素同样存在要素比例差异，即部分生产环节可以归于资本和技术密集型生产环节，部分生产环节可以归于劳动密集型生产环节。由于各国和地区的生产要素禀赋存在差异，因此，各国会专注于生产由本国相对丰裕生产要素所生产的产品并出口，进口由本国相对稀缺生产要素所生产的产品。相应地，一国的对外贸易附加值结构则由各国在不同生产环节的生产上所具有要素禀赋差异所决定。

（三）技术差距理论

美国经济学家波斯纳（M. A. Posner）认为，各国和地区之间技术水平的差异是决定国际贸易中比较优势的重要原因，进而提出了技术差距理论（也称技术缺口理论）。该理论把国家间的贸易与技术差距联系起来，认为当一国通过技术创新研究开发出新产品后，它可能凭借这种由技术差距所形成的比较优势向其他国家出口这种产品。这种技术差距将持续到外国通过进口新产品或技术合作等方式逐渐掌握了该先进技术，能够模仿生产从而减少进口后才逐步消失。而创新国由技术优势所获取的垄断利润的消失促使其不断地改进技术、开发出新产品，创造出新一轮的技术差距。技术差异理论较好地解释了技术先进国家与落后国家之间技术密集型产品的贸易周期。在技术差距理论下，一国对外贸易商品结构的决定由不同国家之间的技术差距所决定。具有先进技术的国家出口高技术产品；反之，只具有较低技术水平的国家则出口低技术产品。但是，各国可以通过技术引进、技术外溢等方式来获取原本由在该产品上具有技术优势的国家所具有的技术，从而生产并出口该产品。

在全球价值链分工背景下，各个生产环节同样具有不同的技术水平。

根据经典的“微笑曲线”，处于“微笑曲线”两端的生产环节（研发、市场营销等）具有较高的技术水平和附加值，处于“微笑曲线”底端的加工组装环节具有较低的技术水平。因此，具有不同技术水平的国家和地区将生产并出口具有不同技术水平的生产环节。亦因此，在全球价值链分工背景下，各国和地区对外贸易附加值商品结构的决定是由于各国在不同生产环节所具有的技术水平差异所导致的。

（四）产品生命周期理论

美国经济学家费农（Raymond. Vernon）于1966年在其《产品生命周期中的国际投资与国际贸易》一文中首先提出了产品生命周期理论，该理论认为，产品具有五个不同的阶段：产品新生期、产品成长期、产品成熟期、产品标准化期和产品让与期。在产品生命周期的不同阶段，由于生产要素投入比例的差异，产品在分工和贸易中的比较优势存在明显差别。在产品新生期和产品成长期，需要投入大量的科研与开发费用，这一阶段产品的要素密集性表现为技术密集型；在产品成熟时期，技术知识的投入减少，资本和管理要素投入增加，高级的熟练劳动投入越来越重要，这一阶段产品的要素密集性表现为资本密集型；在产品标准化时期，产品的技术趋于稳定，技术投入更是微乎其微，资本要素投入虽然仍很重要，但非熟练劳动投入大幅度增加，产品要素密集性也将随之改变。在产品生命周期的各个阶段，由于要素密集性不同，产品所属类型不同、技术先进程度不同以及产品价格不同，因而使得不同国家或地区在产品处于不同时期所具有的比较优势不同，因而“比较优势也就从一个拥有大量熟练劳动力的国家转移到一个拥有大量非熟练劳动力的国家”。产品的出口国也随之转移。

在产品生命周期理论下，一国的对外贸易商品结构是由该国在该产品上所处于的不同生产阶段所决定的。发达国家生产并出口处于产品新生期、产品成长期的产品；中等收入国家生产并出口处于产品成长期、产品成熟期、产品标准化期等时期的产品；发展中国家则生产并出口处于产品标准化期和产品让与期的产品。

在全球价值链分工背景下，各个生产环节同样处于不同的生命周期之中。处于“微笑曲线”两端的生产环节，由于处于生产环节的新生期和成长期，需要时刻面临生产技术的更新换代问题，因此，在这些生产环节，更有可能由发达国家生产并出口。与之对应的是，处于“微笑曲线”底端的加工组装环节，由于生产技术已经成熟，处于生产环节的成熟期或标准化时期，因此，这些生产环节更有可能由发展中国家生产并出口。因此，根据产品生命周期理论，一国的对外贸易附加值商品结构由该国在处于不同生命周期的生产环节上的比较优势所决定，一国生产并出口在该生命周期上具有比较优势的生产环节。

（五）规模经济（规模报酬递增）理论

美国经济学家保罗·克鲁格曼（P. Krugman）于20世纪70年代末至80年代初，基于Dixit和Stiglitz（1977）提出的CES生产函数[111]，将其应用到国际贸易领域，用于解释一国同时进口和出口同一产业产品的现象[112][113][114]。克鲁格曼认为，规模经济或规模报酬递增与不完全竞争是产业内贸易的重要成因。规模经济或规模报酬递增是指厂商进行大规模生产，使成本降低，报酬递增。对于厂商而言，规模经济可以分为外部规模经济和内部规模经济，其中，外部规模经济是指大量完全竞争厂商的集聚，根据阿尔弗雷德·马歇尔对于外部规模经济的分析，外部规模经济可以带来以下四个好处：一是由于大量企业的存在，可以使专业人才更容易找到合适的工作岗位，从而降低企业寻找专业人才的成本；二是企业之间的交流可以促进信息共享，降低信息交易成本；三是大量企业的外部集聚可以促进技术外溢；四是可以降低分摊到每个企业头上的基础设施投资的成本，从而降低交易成本。外部规模经济不一定带来市场的不完全竞争[115]，因为每个企业的生产规模较小，行业仍处于完全竞争之中。与之对应的是，内部规模经济是指企业生产规模扩大所带来的生产成本的下降，因此，内部规模经济将导致不完全竞争。

当开展国际贸易后，企业面临更广阔的市场，规模经济将导致生产规模扩大，从而降低企业的生产成本。因此，当存在规模经济时，各国将各自生产该产业部门的某些差异产品并出口，同时进口国外生产的该部门的其他差异化的产品，即通过开展产业内贸易，满足各国对于产品的多样化需求。国家间的要素禀赋越相似、经济技术水平越接近，越有可能通过专业化生产某一具有差异化的产品并出口，从而相似国家之间的产业内贸易量也越大。

综上所述，规模经济（规模报酬递增）理论告诉我们，当存在规模经济时，一国的对外贸易商品结构由规模经济所决定，即生产并出口具有规模经济效应的差异化产品。

克鲁格曼还提出，当存在规模经济时，一国可以通过贸易政策使企业率先进入某一具有规模经济的行业，虽然在起初可能会由于生产成本较高而面临亏损，但随着生产规模的扩大，企业生产成本下降，而更低的生产成本将阻止其他国家的企业进入该市场。因此，通过贸易政策可以产生规模经济，从而影响一国的对外贸易商品结构。这一理论即通常所说的战略性贸易政策理论。

在全球价值链分工背景下，在产品价值链上的不同生产环节，同样存在着规模经济的现象。通过专注于某一生产环节的生产，可以降低企业在该生产环节的生产成本，从而促进该生产环节的出口。因此，规模经济也将是决定在全球价值链分工背景下一国对外贸易附加值商品结构的因素之一，即一国通过专注于某一可以产生规模经济的特定生产环节的生产并出口，从而影响一国的对外贸易附加值商品结构。

二、对基于李嘉图连续统模型相关论述的分析

在这一部分中，本书将基于 R. Deorubusch、S. Fischer 和 P. A. Samuelson（1977）根据李嘉图的比较优势理论提出的李嘉图连续统模型[116]，同时参考了 R. C. Feenstra 和 G. H. Hanson（1995）的离岸外包模型[117]以及王中华、王雅琳和赵曙东（2009）[118]基于连续统模型对离岸外包对中国就业影响的研究方法，分析在全球价值链分工背景下一国的出口国内附加值商品结构。

（一）基本假设

假设世界上只有两个国家，本国和外国，其中外国用 * 表示。假设本国为发展中国家，劳动生产率较低，外国为发达国家，劳动生产率较高，一种生产要素劳动 L ，只生产一种产品 X ，在 X 的生产过程中需要生产技术不同的 z 个生产工序，在每道工序中，只有一国附加值存在，若该工序由本国生产并出口，则只有本国附加值，若该工序由外国生产，则只有外国附加值，最终品中的附加值则由本国附加值和外国附加值之和构成，因此，若本国生产并出口的工序更多，相应地，本国出口的国内附加值也更大。

假设 $z \in [0,1]$ ，且按照不同生产工序的技术水平不同从低到高排序，生产率越低的生产工序，越接近0，即：

$$A'(z) = \frac{\partial A(z)}{\partial z} < 0 \tag{2-1}$$

若一国技术水平越低，其从事的生产工序越少，在产品中的国内附加值越少。

假设各生产环节和最终品的生产均为规模报酬不变和完全竞争，两国在各生产环节的生产上满足：

$$MR(z) = MC(z) = w = p(z) \tag{2-2}$$

其中，$MR(z)$ 、$MC(z)$ 分别为 z 生产环节的边际收益和边际成本，w 为工资，$p(z)$ 为 z 生产环节的价格。

假设本国和外国生产哪些环节由两国的相对工资决定，本国在工序 z 的要素需求（ z 工序生产一单位产品的生产成本）为 $a(z)$ ，国外为 $a^*(z)$，在第 z 个生产环节，两国相对生产率之比为：

$$A(z) = \frac{a^*(z)}{a(z)} \tag{2-3}$$

（二）生产环节的决定

1. 生产角度（技术与专业化生产环节）

由于只有一种生产要素，因此，本国和外国所生产的生产环节由两国在各生产环节上的相对劳动生产率和相对工资决定。如果本国专业化生产 z 生产环节，则表示本国在 z 生产环节的相对成本较低。

$$p(z) = a(z)w < a^*(z)w^* = p^*(z) \tag{2-4}$$

令 $\omega = \frac{w}{w^*}$ 表示两国的相对工资，方程（2－4）可以表示成：

$$\omega = \frac{w}{w^*} < A(z) = \frac{a^*(z)}{a(z)} \tag{2-5}$$

假设存在一个临界的生产环节，在该生产环节，本国和外国的生产成本相同，即满足下列条件：

$$p(\tilde{z}) = a(\tilde{z})w = a^*(\tilde{z})w^* = p^*(\tilde{z}) \tag{2-6}$$

$$\omega = \frac{w}{w^*} = A(\tilde{z}) = \frac{a^*(\tilde{z})}{a(\tilde{z})} \tag{2-7}$$

$$\Rightarrow \tilde{z} = A^{-1}(\omega) = \tilde{z}(\omega) \tag{2-8}$$

根据方程（2－8）可以发现，各国所生产的生产环节，由两国的相对工资决定，生产环节指数 $0 \leqslant z \leqslant \tilde{z}$ 的生产环节由本国生产，生产环节指数 $\tilde{z} \leqslant z \leqslant 1$ 的生产环节由外国生产，由于相对工资 $\omega = \frac{w}{w^*}$ 的上升将导致本国生产成本上升，因此，各国的生产环节是两国相对工资的减函数，即本国相对工资上升，将导致本国生产的生产环节更少。因此，$\frac{d\omega}{dA(\tilde{z})} < 0$。技术与专业化与各国生产环节之间的关系由图 2－1 中的 $A(z)$ 曲线表示。

2. 需求角度

从需求角度来看，假设两国的生产偏好相同，即最终品在任何国家或地区生产时，所需要经过的生产工序相同，总生产成本为 S，本国生产者所生产的生产环节 z 的份额：

$$b(z) = \frac{p(z)d(z)}{S} \tag{2-9}$$

其中，$\int_0^1 b(z)dz = 1$

对本国生产环节的支出比例，也是本国生产环节的成本：

$$v(\tilde{z}) = \int_0^{\tilde{z}} b(z)dz \text{ , } v'(\tilde{z}) = b(z) > 0 \text{ , } 0 < v'(\tilde{z}) < 1$$

对外国生产环节的支出比例，也是外国生产环节的成本：

$$1 - v(\tilde{z}) = \int_{\tilde{z}}^{1} b(z)dz$$

根据国际收支平衡条件：

$$wL = v(\tilde{z})(wL + w^{*}L^{*}) \tag{2-10}$$

得到两国相对工资：

$$\omega = \frac{w}{w^{*}} = \frac{v(\tilde{z})}{1 - v(\tilde{z})} \cdot \frac{L^{*}}{L} = B\left(\tilde{z}, \frac{L^{*}}{L}\right) \tag{2-11}$$

由于国外劳动力的提高将导致本国相对工资上升，从而本国的生产环节减少，因此，得到两国对于劳动力的相对需求曲线 $B\left(\tilde{z}, \frac{L^{*}}{L}\right)$，$B\left(\tilde{z}, \frac{L^{*}}{L}\right)$ 为向右上方倾斜的曲线。

当均衡存在时，

$$A(\tilde{z}) = \frac{w}{w^{*}} = \frac{a^{*}(\tilde{z})}{a(\tilde{z})} = \frac{v(\tilde{z})}{1 - v(\tilde{z})} \cdot \frac{L^{*}}{L} = B\left(\tilde{z}, \frac{L^{*}}{L}\right) \tag{2-12}$$

由于两国的相对劳动力成本由两国相对工资和相对劳动力决定，因此，可以将两国的相对劳动力成本表示成两国相对工资和相对劳动力水平的函数，即：

$$\frac{a^{*}(\tilde{z})}{a(\tilde{z})} = g\left(\frac{w}{w^{*}}, \frac{L^{*}}{L}\right), \tag{2-13}$$

根据方程（2－12）和方程（2－13），可以得到两国生产工序、相对工资和两国相对劳动力之间的抽象关系表达式：

$$\tilde{z} = f\left(\frac{w}{w^{*}}, \frac{L^{*}}{L}\right) \tag{2-14}$$

进一步，通过供给和需求的均衡，可以得到相对工资和两国各自的生产环节之间的均衡，均衡结果如图 2－1 所示。

（三）比较静态分析

接下来，我们考虑当存在技术进步和本国劳动力供给上升时，两国生产环节的变化。

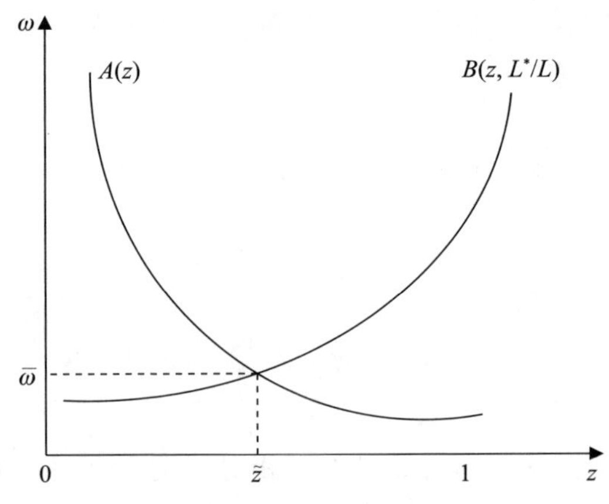

图 2－1　供给和均衡的决定

1. 当存在外生技术时两国生产环节的变化

现在假设当本国存在外生的技术进步时，将导致本国生产成本下降，即本国生产将导致 $A(z)$ 曲线向右移动，从而增加本国的生产环节、提高两国的相对工资。比较静态分析的结果如图 2－2 所示。

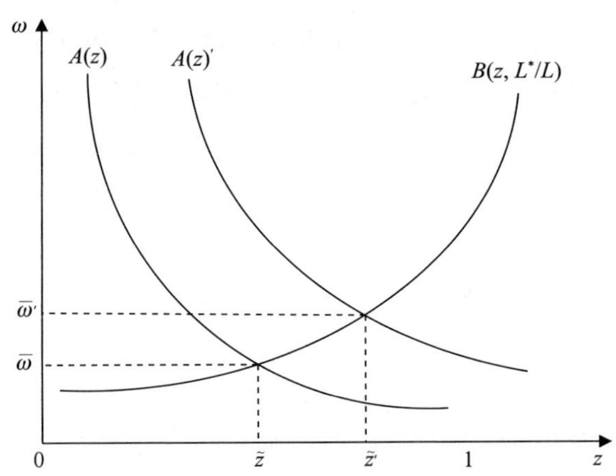

图 2－2　本国存在外生技术进步时的比较静态分析

2. 当本国劳动力上升时两国生产环节的变化

当本国劳动力供给上升时，将导致本国相对于外国的工资下降，从而导致 $B(z,L^*/L)$ 向外移动，增加本国的生产工序。比较静态分析的结果如图 2－3 所示。

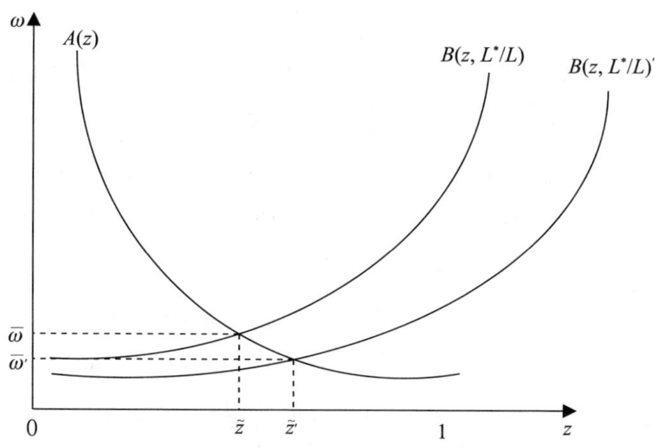

图 2－3　本国劳动力增加时的比较静态分析

因此，通过上述分析可以发现，一国生产并出口的工序，也就是在最终品中的本国附加值，由该国在不同工序中所具有的比较优势所决定，若该国在某一工序中具有比较优势，则该国出口该生产工序。因此，这也说明，当比较优势发生于生产工序而非最终产品时，将决定各国和地区生产工序的数量，进而决定各国在最终品中的附加值。因此，比较优势经过适当的修正，同样适用于对全球价值链分工背景下一国出口国内附加值的分析。

本章小结

本章首先对“对一国对外贸易附加值进行分解和测算的相关文献”“中国对外贸易结构研究的相关文献”和“中国对外贸易附加值商品结构研究的相关文献”进行了简要梳理和述评；其次，针对比较优势理论、要素禀赋理论、技术差距理论、产品生命周期理论、规模经济（规模报酬递增）理论等经典国际贸易理论关于一国对外贸易附加值商品结构决定因素的论述展开了理论分析；最后，基于李嘉图连续统模型，构建了决定一国对外贸易附加值商品结构的理论模型。

（1）通过对相关文献的梳理，作者发现，在现有的研究中，虽然对一国对外贸易附加值测算方面的研究已经基本成熟，可以国家间非竞争型投入产出表为基础，结合企业数据和海关数据，从国家、行业和企业（宏观、中观和微观）等不同层面对一国出口贸易国内附加值进行测算，但目前对于中国出口贸易商品结构问题的相关研究仍是基于贸易总量数据进行的，而对于中国出口贸易国内附加值结构的相关研究则主要集中在通过对中国出口贸易附加值进行分解，从总量的角度来进行研究，尚缺少从商品结构的视角来进行的研究。例如，究竟哪些行业出口中的国内附加值在中国出口国内附加值中的占比较高，从附加值结构角度的研究与基于总量的研究有何异同等。而在全球价值链分工背景下，此类研究对于优化中国出口贸易结构、提高中国出口贸易收益，进而促进中国从贸易大国向贸易强国转变，无疑具有重要的意义。

（2）通过对比较优势理论、要素禀赋理论、技术差距理论、产品生命周期理论、规模经济（规模报酬递增）理论等经典国际贸易理论有关一国对外贸易附加值商品结构的决定因素的论述进行的理论分析表明，全球价值链分工只是世界各国和地区依据各自所具有的比较优势的差异，从事各自具有比较优势的生产环节的生产并出口。因此，通过对经典国际贸易理论的分析，将研究对象由产品变为生产环节，可以解释全球价值链分工背景下一国对外贸易出口附加值商品结构的决定因素，即在全球价值链分工背景下，决定一国对外贸易出口附加值商品结构的主要因素仍然是比较优势，只不过这种比较优势是基于生产环节而非产品，比较优势的来源则既可能是各国和地区的要素禀赋差异，也可能是技术差异，还可能是由不同生产环节处于不同的生命周期或者是由于不同生产环节存在规模经济所导致的。

（3）通过对基于李嘉图连续统模型构建的影响一国对外贸易附加值商品结构的理论模型的分析也验证了前述第二个主要结论，即比较优势仍然是全球价值链分工背景下一国对外贸易出口国内附加值商品结构的决定因素。当本国存在外生的技术进步时，将导致本国生产并出口的生产环节增加；当本国劳动力增加导致本国相对工资下降时，也将导致本国生产并出口的生产环节增加。

第三章

中国总贸易出口国内附加值商品结构分析

根据第一章对“出口国内附加值商品结构”的定义，本章将从中国出口国内附加值绝对量（总量、数额）、中国资本和技术密集型行业出口国内附加值占中国出口国内附加值的比重两个方面，对中国总贸易出口国内附加值商品结构进行较为深入的分析。

本章的主要研究内容如下：第一节，基于中国贸易总量数据统计，分析中国总贸易出口商品结构，分析的主要目的有两个：一是为了对中国出口贸易商品结构有一个整体的把握，二是为了与接下来使用国家间非竞争型投入产出数据计算的中国出口国内附加值商品结构进行比较；第二节，简要介绍中国出口国内附加值商品结构的测算方法和数据来源；第三节，从中国总贸易出口和总产品出口的角度，分析中国出口国内附加值商品结构的变化趋势；第四节和第五节，在第三节的基础上，分别分析中国最终品和中间品出口国内附加值商品结构的变化趋势；第六节，主要采用结构变化指数来分析本书所选定时期的中国总贸易和总产品出口国内附加值商品结构的优化程度；最后对本章研究内容做一小结。

第一节　中国总贸易出口商品结构变化

本节首先从总量与变化率两个方面来具体分析 1990 ~ 2017 年中国总贸易出口商品结构的变化情况；然后采用结构变化指数来分析这一时期中国总贸易出口商品结构的变化趋势。

本节的数据来源：中国货物贸易出口商品结构的相关数据来自历年中国统计年鉴，中国服务贸易出口商品结构的相关数据来自中国国家外汇管理局提供的基于 BPM6 统计的中国国际收支平衡表中的历年中国服务贸易数据，中国历年总贸易出口的相关数据则由中国货物贸易和服务贸易出口数据相加而得。在计算分析中国出口商品结构时，将中国资本、技术密集型商品出口占中国全部商品出口的比重作为测算指标，可以粗略地测算出这一时期中国出口商品结构的变化趋势①。

一、中国总贸易出口额变化

图 3－1 是 1990～2017 年中国不同要素密集型行业出口额的变化趋势，从中可以发现以下三个特点：

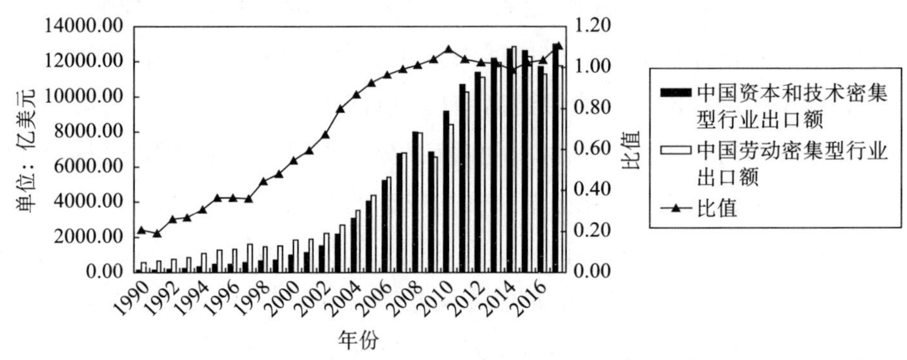

图 3－1　1990～2017 年中国不同要素密集型行业出口额变化趋势

数据来源：根据历年中国统计年鉴和中国国际收支平衡表（BPM6）中的相关数据计算而得。

第一，无论是中国资本和技术密集型行业出口额，还是中国劳动密集型行业出口额，在这一时期总体上是不断增加的。其中，中国资本和技术密集型商品出口额由 1990 年的 119 亿美元增加到 2017 年的 13008 亿美元，增加了约 108 倍；中国劳动密集型商品出口额由 1990 年的 582 亿美元增加到 2017 年的 11756 亿美元，增加了约 19 倍。

第二，从中国资本和技术密集型、劳动密集型行业出口的比值来看，

---

① 由于本书在这一部分中只是通过粗略地计算这一时期基于贸易总量数据的中国出口商品结构的变化趋势，将其作为进一步分析在全球价值链分工背景下基于出口国内附加值计算的中国出口商品结构的基础，因此，在计算中国货物贸易出口商品结构时，基于历年中国统计年鉴中的“按国际贸易标准分类的进出口额”中的统计，将化学品及有关产品和机械及运输设备这两项视为资本、技术密集型商品；在对服务贸易出口中的资本、技术密集型商品进行分类时，将运输服务、保险和养老服务、金融服务、知识产权使用费服务，电信、计算机和信息服务，个人、文化和娱乐服务，视为资本、技术密集型服务产品。

二者的比值在2008年之后开始大于1，说明2008年后，中国资本和技术密集型行业出口开始逐渐高于中国劳动密集型行业出口。

第三，从中国资本和技术密集型行业出口额与中国劳动密集型行业出口额的差距来看，二者的差距是在不断扩大的。在2007年之前，中国劳动密集型行业出口额高于中国资本和技术密集型行业出口额，2008～2012年，中国资本和技术密集型行业出口额高于中国劳动密集型行业出口额，虽然2013年中国劳动密集型行业出口额略高于中国资本和技术密集型行业出口额，但2014年之后，中国资本和技术密集型行业出口额再度高于中国劳动密集型行业出口额，并持续至2017年。

图3－2显示了1990～2017年中国不同要素密集型行业出口额的变化率，从中可以发现以下两个特点：

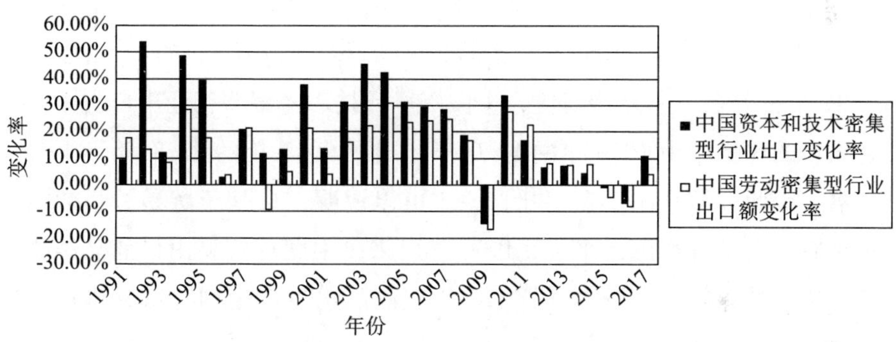

图3－2　1991～2017年中国不同要素密集型行业出口额变化率

数据来源：根据历年中国统计年鉴和中国国际收支平衡表（BPM6）中的相关数据计算而得。

第一，从中国不同要素密集型行业出口额的变化率来看，在这一时期的大多数年份，中国资本和技术密集型、劳动密集型行业出口额的变化率均为正。其中，中国资本和技术密集型行业出口额的变化率27年间只有3年为负（2009年、2015年和2016年），有18年的变化率在10%以上，最高的变化率达到了53.80%，27年间的年均变化率达到了20.23%；中国劳动密集型行业出口额的变化率在27年中有4年为负（1998年、2009年、2015年和2016年），有14年的变化率在10%以上，最高的变化率达到了31%（2004年），年均变化率为12.48%。上述事实说明，一方面，这一时期中国不同要素密集型行业的出口额均得到了较快的增长；另一方面，相对于中国劳动密集型行业出口额而言，中国资本和技术密集型行业的出口增速更快。

第二，从中国不同要素密集型行业出口额变化率的极差来看，这一时期，中国资本和技术密集型行业出口额变化率的极差为 145.57%，高于中国劳动密集型行业出口额变化率 70.56% 的极差，这说明从波动幅度的角度来看，这一时期中国资本和技术密集型行业出口额的波动幅度更大。

二、中国总贸易出口比重变化

从中国不同要素密集型行业出口占中国总贸易出口的比重来看，根据图 3－3 的计算结果，中国劳动密集型行业出口占中国总贸易出口的比重自 1990 年以来不断下降，由最高点的将近 83% 下降到 2017 年的 47.17%，下降了 36 个百分点。与之相对应，中国资本和技术密集型行业出口占中国总贸易出口的比重则由 1990 年的 17.01% 上升到 2017 年的 52.83%，上升了约 2 倍。因此，综合图 3－1 和图 3－3 可以说明，从基于贸易总量数据的分析来看，在某种程度上来讲，1990 年以来，中国总贸易出口商品结构是在不断优化的，即中国资本和技术密集型商品出口占中国总贸易出口的比重是在不断上升的。

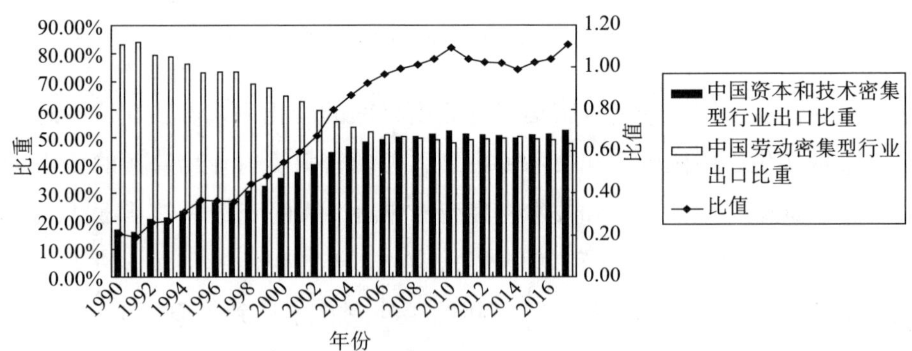

图 3－3　1990～2017 年中国不同要素密集型行业出口比重与比值变化趋势

数据来源：根据历年中国统计年鉴和中国国际收支平衡表（BPM6）中的相关数据计算而得。

这一时期中国不同要素密集型行业出口比重的变化率如图 3－4 所示，从中可以发现：总体来说，这一时期，中国资本和技术密集型行业出口比重的变化率在大多数年份为正，只有 7 年为负；而中国劳动密集型行业出口比重的变化率则在大多数年份为负。这也说明，这一时期中国资本和技术密集型行业在中国总贸易出口中的重要性是在不断增强的。

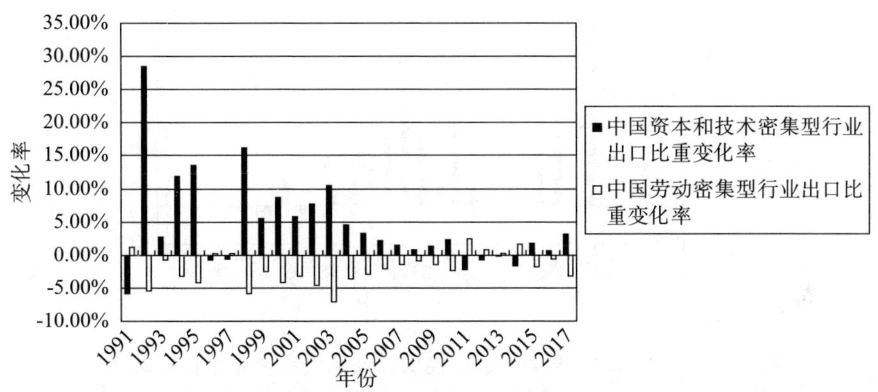

图 3－4　1991～2017 年中国不同要素密集型行业出口比重变化率

数据来源：根据历年中国统计年鉴和中国国际收支平衡表（BPM6）中的相关数据计算而得。

三、中国总贸易出口商品结构变化指数

在这一部分中，在前述分析中国对外贸易出口商品结构的基础上，根据陈建华和马晓遥（2009）提出的结构变化指数的计算方法，通过计算中国总贸易出口中各组成部分的增长率与结构变化的乘积来进一步分析中国出口商品结构的变化情况，该指标越大，说明出口商品结构变化越明显。具体计算方程如下[119]。

$$ES_{export} = \sum_{i=1}^{n} \frac{\Delta X_{i,t}}{X_{i,t-1}} \times \left[\left(\frac{X_i}{X}\right)_t - \left(\frac{X_i}{X}\right)_{t-1} \right] \qquad (3-1)$$

其中，ES 为结构变化指数，$X_{i,t}$ 为第 t 年 i 行业的出口额，$\left(\frac{X_i}{X}\right)_t$ 为第 t 年的出口商品结构。

图 3 -5 显示的是 1991 ~2017 年基于贸易总量数据计算的中国总贸易出口商品结构变化指数，从中可以发现：总体而言，在大部分年份中，中国总贸易出口商品结构变化指数均为正，但变化幅度并不大，亦即虽然中国出口商品结构在不断优化，但是优化幅度并不大。

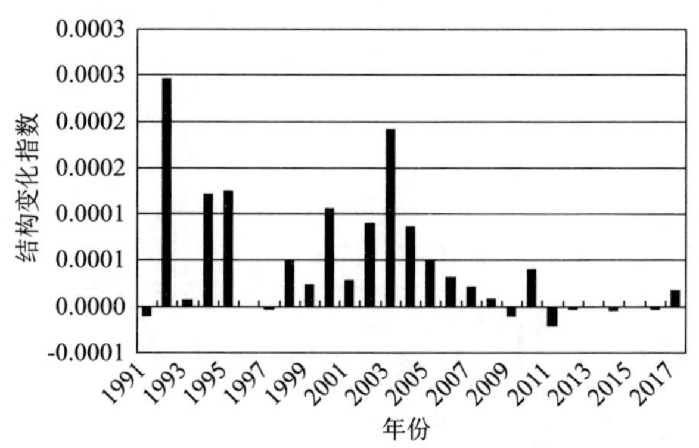

图 3 -5　1990 ~2017 年中国总贸易出口商品结构变化指数变动趋势

数据来源：根据历年中国统计年鉴和中国国际收支平衡表（BPM6）中的相关数据计算而得。

第二节　中国出口国内附加值商品结构的测算方法和数据来源

在本节中，本书将对接下来从附加值角度来测算中国出口商品结构的方法和使用的数据进行简要的说明。

一、测算方法

关于中国出口国内附加值商品结构的测算方法，本文以 R. Koopman、W. Powers、Z. Wang 和 S. J. Wei（2010）和王直、魏尚进及祝坤福（2015）

对一国的出口按照附加值来源进行分解的计算公式为基础[120]，但对其进行了简化处理①，其计算公式如下：

假设世界上只有中国和除中国之外的世界其他国家和地区两个组成部分，每个组成部分均有 N 个产业部门，每个产业部门所生产的产品要么作为最终产品被各国消费，要么作为中间投入品被各国生产者使用。各国的总产出按其流向可表示为如下形式：

$$\begin{bmatrix} X_c \\ X_w \end{bmatrix} = \begin{bmatrix} A_{cc} & A_{cw} \\ A_{wc} & A_{ww} \end{bmatrix} \begin{bmatrix} X_c \\ X_w \end{bmatrix} + \begin{bmatrix} Y_{cc} + Y_{cw} \\ Y_{ww} + Y_{wc} \end{bmatrix} \tag{3-2}$$

其中，c 、w 分别代表中国和除中国以外的世界其他国家和地区，$A_{sr}(s, r = c,w)$ 为 $N \times N$ 矩阵，表示 r 国生产中使用的 s 国产品的直接消耗系数矩阵，X 为各国的总产出，Y_{sr}（$s,r = c,w$）代表 r 国对 s 国的最终需求，均为 $N \times 1$ 矩阵。上式经整理可得：

$$\begin{bmatrix} X_c \\ X_w \end{bmatrix} = \begin{bmatrix} I - A_{cc} & -A_{cw} \\ -A_{wc} & I - A_{ww} \end{bmatrix}^{-1} \begin{bmatrix} Y_{cc} + Y_{cw} \\ Y_{ww} + Y_{wc} \end{bmatrix} = \begin{bmatrix} B_{cc} & B_{cw} \\ B_{wc} & B_{ww} \end{bmatrix} \begin{bmatrix} Y_c \\ Y_w \end{bmatrix} \tag{3-3}$$

---

① R. Koopman、W. Powers、Z. Wang 和 S. J. Wei（2010）是基于多个国家、多个行业，从国家层面来对一国的出口进行分解，其并不适用于从行业层面来对一国的出口进行分解。王直、魏尚进和祝坤福（2015）对一国的出口按照附加值来源进行分解的计算公式是基于多国（国家数量大于等于3）、多部门的投入产出模型来进行分解的，将一国的出口分解成16个部分，主要包括最终被国外所吸收的国家增加值（包括最终品出口中的本国增加值和中间品出口中的本国增加值。其中，中间品出口中的本国增加值又可以进一步分解为直接中间品出口中的本国增加值和间接中间品出口中的国内增加值）、出口后通过再进口又最终返回国内的国内增加值、出口中的外国增加值（包括出口中隐含的进口国增加值和出口中隐含的第三国增加值）和纯重复计算部分。由于本章中所研究的问题是中国出口国内附加值商品结构，只需要将中国出口到世界各国产品中的本国增加值计算清楚即可。因此，在两国模型下，一是没有重复计算的部分；二是并不需要计算究竟哪些国内增加值是中间品出口中的本国增加值，哪些是间接出口中的国内增加值。所以，本书在计算方法上，可能与王直、魏尚进和祝坤福（2015）的测算体系有所差异，可能更偏向于 R. Koopman、W. Powers、Z. Wang 和 S. J. Wei（2010）的测算体系。但在两国多部门模型下，根据 R. Koopman、W. Powers、Z. Wang 和 S. J. Wei（2010）和王直、魏尚进及祝坤福（2015）所得到的对于最终品出口中的国内附加值、中间品出口中的国内附加值、最终返回本国的出口中的国内附加值这三部分的计算结果是完全一致的。

其中，B_{sr}（$s,r=c,w$）为 $N\times N$ 阶 Leontief 逆矩阵，表示 r 国生产额外一单位最终需求所需要的 s 的中间投入。令 V_r（$r=c,w$）为 $1\times N$ 矩阵，代表 r 国的直接国内附加值，则 $V_r=u(I-\sum_s A_{sr})$，其中 $u=(1,\cdots,N)$ 为 $1\times N$ 矩阵，令 V 为 $2\times 2N$ 各国直接国内附加值矩阵，则：

$$V=\begin{bmatrix} V_c & 0 \\ 0 & V_w \end{bmatrix} \tag{3-4}$$

其对角线上的元素代表各国的直接附加值系数，进一步，生产一单位产品的各国附加值可以表示为：

$$VAS=VB=\begin{bmatrix} V_c & 0 \\ 0 & V_w \end{bmatrix}\begin{bmatrix} B_{cc} & B_{cw} \\ B_{wc} & B_{ww} \end{bmatrix}=\begin{bmatrix} V_cB_{cc} & V_cB_{cw} \\ V_wB_{wc} & V_wB_{ww} \end{bmatrix} \tag{3-5}$$

由于一国的附加值要么由国内吸收，要么由国外吸收，因此，VAS 的每一列之和为 1，即：

$$V_cB_{cc}+V_wB_{wc}=V_cB_{cw}+V_wB_{ww}=u \tag{3-6}$$

令 E_{rs} 为 $N\times 1$ 阶矩阵，代表 r 国出口到 s 国的中间投入品和最终产品，$\hat{E}_{rs}$ 为其 $N\times N$ 阶对角阵，则 r 国的总出口为：

$$E_r=\sum_{r\neq s}E_{rs}=\sum_s(A_{rs}X_s+Y_{rs}),\ r,s=c,w \tag{3-7}$$

两国的出口矩阵可以表示为：

$$E=\begin{bmatrix} E_{cw} & 0 \\ 0 & E_{wc} \end{bmatrix} \tag{3-8}$$

$$\hat{E}=\begin{bmatrix} \hat{E}_{cw} & 0 \\ 0 & \hat{E}_{wc} \end{bmatrix} \tag{3-9}$$

其中，E 为 $2N\times 2$ 阶对角阵，$\hat{E}$ 为 $2N\times 2N$ 阶对角阵。

各国出口附加值矩阵可以分解为：

$$VAS\_E=VBE=\begin{bmatrix} V_cB_{cc}E_{cw} & V_cB_{cw}E_{wc} \\ V_wB_{wc}E_{cw} & V_wB_{ww}E_{wc} \end{bmatrix} \tag{3-10}$$

其中，矩阵中的每一行代表了一国附加值的最终流向，每一列表示了一国出口中附加值的来源，相应地，通过计算 $VAS\_\hat{E}$ 可以计算各行业出口中的各国附加值，其计算方程如下：

$$VAS\_\hat{E} = VB\hat{E} = \begin{bmatrix} V_cB_{cc}\hat{E}_{cw} & V_cB_{cw}\hat{E}_{wc} \\ V_wB_{wc}\hat{E}_{cw} & V_wB_{ww}\hat{E}_{wc} \end{bmatrix} \tag{3-11}$$

通过矩阵计算，可以得到两国模型中的完全消耗系数矩阵：

$$\begin{bmatrix} B_{cc} & B_{cw} \\ B_{wc} & B_{ww} \end{bmatrix} = \begin{bmatrix} (I-A_{cc}-A_{cw}(I-A_{ww})^{-1}A_{wc})^{-1} & B_{cc}A_{cw}(I-A_{ww})^{-1} \\ (I-A_{ww})^{-1}A_{wc}B_{cc} & (I-A_{ww}-A_{wc}(I-A_{cc})^{-1}A_{cw})^{-1} \end{bmatrix} \tag{3-12}$$

相应地，通过进一步的矩阵计算，可以计算出两国出口中的外国附加值和本国附加值矩阵，分别为：

$$VS = \begin{bmatrix} V_wB_{wc}E_{cw} \\ V_cB_{cw}E_{cw} \end{bmatrix} = \begin{bmatrix} u(A_{wc}-A_{cw}(I-A_{ww})^{-1}A_{wc})(I-A_{cc}-A_{cw}(I-A_{ww})^{-1}A_{wc})^{-1}E_{cw} \\ u(A_{cw}-A_{wc}(I-A_{cc})^{-1}A_{cw})(I-A_{ww}-A_{wc}(I-A_{cc})^{-1}A_{cw})^{-1}E_{wc} \end{bmatrix} \tag{3-13}$$

$$DV = \begin{bmatrix} V_cB_{cc}E_{cw} \\ V_wB_{ww}E_{wc} \end{bmatrix} = \begin{bmatrix} V_c\ (I-A_{cc}-A_{cw}\ (I-A_{ww})^{-1}A_{wc})^{-1}E_{cw} \\ V_w\ (I-A_{ww}-A_{wc}\ (I-A_{cc})^{-1}A_{cw})^{-1}E_{wc} \end{bmatrix} \tag{3-14}$$

两国模型中的附加值间接出口矩阵为：

$$\begin{bmatrix} VS1_c \\ VS1_w \end{bmatrix} = \begin{bmatrix} V_cB_{cw}E_{wc} \\ V_wB_{wc}E_{cw} \end{bmatrix} \tag{3-15}$$

相应地，在两国模型下，可以将一国出口按照最终流向，分解为如下三个部分：

$$E_{rs} = Y_{rs} + A_{rs}X_s = Y_{rs} + A_{rs}X_{ss} + \sum_{s \neq r} A_{rs}X_{sr}\ ,\ r,s = c,w \tag{3-16}$$

其中，Y_{rs} 为 r 国出口到 s 国的最终产品，$A_{rs}X_{ss}$ 为 r 国出口到 s 国并最终为 s 国所吸收的中间产品，$\sum_{s \neq r} A_{rs}X_{sr}$ 为 r 国出口到 s 国的中间产品经 s 国加工后又回到 r 国并最终为 r 国所吸收的中间品。

进一步，由方程（3－14）和方程（3－16），在两国模型下，可以将一国出口产品中的本国附加值按其流向的不同分解为如下几个部分：

$$DV_{rs} = V_r B_{rr} E_{rs} = V_r B_{rr} Y_{rs} + V_r B_{rr} A_{rs} X_{ss} + V_r B_{rr} \sum_{s \neq r} A_{rs} X_{sr} \quad (3-17)$$

其中，$V_r B_{rr} Y_{rs}$ 为 r 国出口到 s 国的最终产品中的 r 国附加值，$V_r B_{rr} A_{rs} X_{ss}$ 为 r 国出口到 s 国并最终为 s 国所吸收的中间产品中的 r 国附加值，$\sum_{s \neq r} A_{rs} X_{sr}$ 为 r 国出口到 s 国的中间产品经 s 国加工后又回到 r 国并最终为 r 国所吸收的中间品中的 r 国附加值。

相应地，在两国模型下，一国出口产品按附加值来源的不同分解为如下几个部分：

$$E_{rs} = DV_{rs} + FV_{rs} = V_r B_{rr} Y_{rs} + V_r B_{rr} A_{rs} X_{ss} + V_r B_{rr} \sum_{s \neq r} A_{rs} X_{sr} + FV_{rs} \quad (3-18)$$

最后，将方程（3－17）的前两项相加，就可以得到基于行业层面数据计算的一国出口到国外且最后为国外所最终吸收的国内附加值。相应地，将各个行业出口中的国内附加值相加，即可以得到一国出口中的全部国内附加值。进一步，将资本和技术密集型行业出口中的国内附加值相加，即可以计算出一国资本和技术密集型行业出口中的国内附加值及其商品结构。同样，基于方程（3－18）还可以进行两个方面的扩展：一是分别计算最终品和中间品出口国内附加值商品结构；二是分别计算货物贸易和服务贸易出口国内附加值商品结构。

二、相关数据来源

关于数据来源，本书计算中国出口国内附加值商品结构的数据来自欧盟建立的世界投入产出数据库（WIOD）提供的国家间非竞争型投入产出表。该投入产出表于 2011 年开发，最初提供了包括欧盟 27 国在内的 40 个国家和地区以及除上述国家和地区之外的世界其他国家和地区的 35 个行业（包括 1 个农业行业、16 个制造业行业和 18 个服务业行业）1995～2009 年的国家间投入产出表数据。WIOD 数据库的第一次更新是在 2013 年，将 WIOD 表中的数据更新到了 2011 年，国家和行业没有变化，但没有将 SEA 表中与中国相关的数据进行更新。WIOD 数据库的第二次更新是在 2016 年，主要是针对国家间非竞争型投入产出表的更新，主要变化包括以下三点：一是获取时间年份的变化，将国家间非竞争型投入表可获取的年份变更为2000～2014年；二是所提供的国家和地区的变化，将此前的35个国家和地区以及除上述国家和地区的国家间投入产出表变更为44个国家和地区，以及除上述国家和地区之外的世界其他国家和地区；三是统计行业的变化，将此前的35个行业变更为56个行业[121][122]。为了更好地分析中国对外贸易出口国内附加值商品结构，在此，本书对35个行业的国家间非竞争型投入产出表和56个行业的国家间非竞争型投入产出表进行了重新集结，最终形成了1995～2014年34个行业的国家间非竞争型投入产出表（2014年为目前可获取的最近年份的数据，WIOD暂无之后年份数据）。另外，由于本书所研究的问题是中国出口贸易国内附加值商品结构，因此，对重新集结的国家间非竞争型投入产出表进行了进一步的集结，集结成只包含中国和除中国之外的世界其他国家和地区两个部分的国家间非竞争型投入产出表，新版和旧版中行业对应表如附录所示[123]。最后，在此基础上，将焦炭、精炼石油和核燃料制造业（23）、化学工业（24）、橡胶和塑料制品业（25）、金属和金属制品业（27 t 28）、未列入其他分类的机器设备制造业（29）、电子和光学设备制造业（30 t 33）、运输设备制造业（34 t 35）共7个行业作为货物贸易行业中的资本和技术密集型行业，将电力、天然气和水的供应业（E）、内陆运输业（60）、水上运输业（61）、航空运输业（62）、邮政、电信和音像出版服务业（64）、金融中介服务业（J）与并购、租赁和其他专业商业服务业（71 t 74）、公共服务和国防服务业（L）、教育服务业（M）、健康和医疗服务业（N）、社会组织服务业（O）这11个行业视为资本和技术密集型服务行业①。

① 小括号内为旧版WIOD下的行业编号。

第三节 中国总贸易总产品出口国内附加值商品结构变化

在本节中，本书将基于方程（3－18）和旧版、新版的世界投入产出数据库提供的国家间非竞争型投入产出表计算并分析1995～2014年中国出口国内附加值商品结构的变化趋势。

关于分析方法，首先，本书将分析的侧重点放在对中国总贸易出口国内附加值总量的分析上，具体分析中国资本和技术密集型行业、劳动密集型行业出口国内附加值的总量；其次，在本节的第二部分中，将着重分析中国不同要素密集型行业出口国内附加值占中国总贸易出口国内附加值的比重。关于分析指标的选取，将主要采用静态指标（中国不同要素密集型行业出口国内附加值额及其占比）和动态指标（中国不同要素密集型行业出口国内附加值变化率和出口国内附加值占比变化率）这两个指标进行分析。

一、中国总贸易总产品出口国内附加值额变化

图3－6计算了1995～2014年中国资本和技术密集型行业、劳动密集型行业出口国内附加值额及其均值的变化。从中可以发现：一是从中国不同要素密集型行业总产品出口国内附加值额的变化上看，无论是中国资本和技术密集型行业还是中国劳动密集型行业，其总产品出口国内附加值额均在不断增加。二是相对于中国劳动密集型行业而言，中国资本和技术密集型行业总产品出口国内附加值增加得更快，这一点也可以从二者之比的变化看出来。1995年，中国资本和技术密集型行业总产品出口国内附加值与中国劳动密集型行业总产品出口国内附加值之比为0.84，这说明中国总产品出口国内附加值主要集中于中国劳动密集型行业，但是到了2014年，

二者之比达到了 1.87，说明中国总产品出口国内附加值主要集中在了中国资本和技术密集型行业。三是从二者比值的变化趋势来看，总体上经历了先上升后下降再上升的变化趋势，这一时期中国资本和技术密集型行业总产品出口国内附加值与中国劳动密集型行业总产品出口国内附加值之比在 2008 年达到这一时期的峰值，2009 ~2012 年总体呈下降趋势，以后虽然有所上升，二者之比达到了 1.87，但仍低于 2008 年时的峰值。

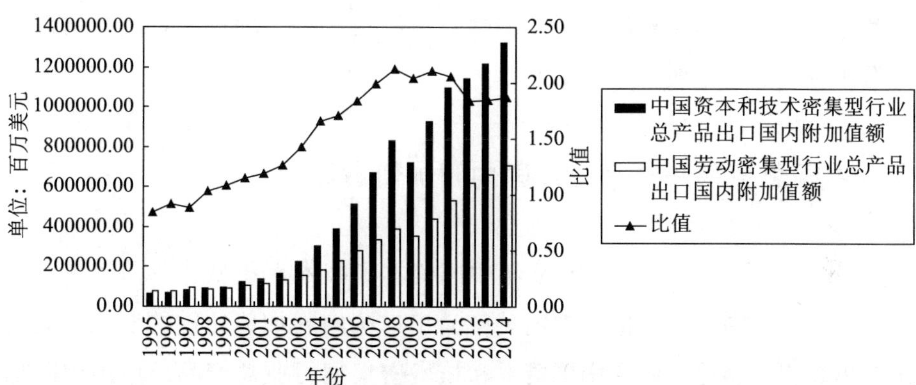

图 3 -6　1995 ~2014 年中国不同要素密集型行业总产品出口国内附加值额与比值变化趋势

数据来源：根据 WIOD 数据库中的相关数据计算而得。

在图 3 -6 的基础上，图 3 -7 计算了 1996 ~2014 年中国资本和技术密集型、劳动密集型行业总产品出口国内附加值的变化率。

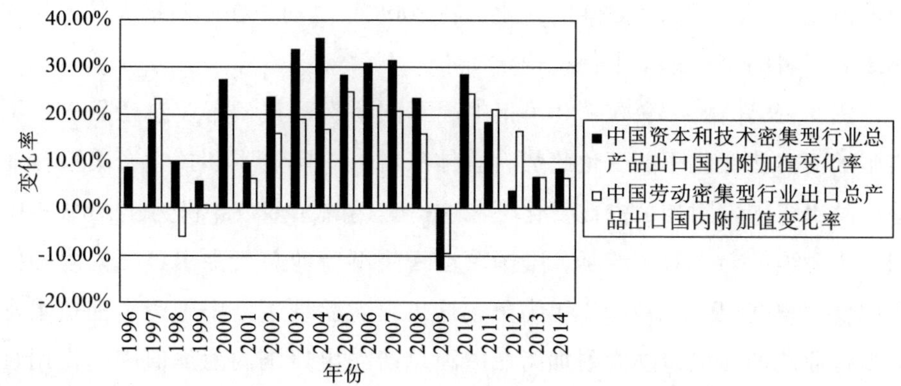

图 3 -7　1996 ~2014 年中国不同要素密集型行业总产品出口国内附加值变化率

数据来源：根据 WIOD 数据库中的相关数据计算而得。

从图 3 –7 的计算结果可以发现：无论是中国资本和技术密集型行业还是中国劳动密集型行业出口国内附加值，除个别年份（1998 年和 2009 年）外，在这一时期的变化率普遍为正，且总体来看，中国资本和技术密集型行业出口国内附加值的变化率高于中国劳动密集型行业出口国内附加值的变化率。上述事实说明，这一时期中国不同要素密集型行业在总产品出口国内附加值的变化上，保持了一个相对健康的增长，且相对于中国劳动密集型行业出口国内附加值而言，中国资本和技术密集型行业总产品出口国内附加值的增速更快。

二、中国总贸易总产品出口国内附加值占比变化

图 3 –8 计算了 1995 ~2014 年中国资本和技术密集型、劳动密集型行业总产品出口国内附加值占中国总产品出口国内附加值比重的变化，它更进一步表明了，这一时期中国资本和技术密集型行业总产品出口国内附加值在不断上升的变化趋势。从中可以发现：一是中国资本和技术密集型行业总产品出口国内附加值占中国总产品出口国内附加值的比重整体呈上升趋势，中国劳动密集型行业总产品出口国内附加值比重则呈下降趋势；二是 1998 年之后，中国资本和技术密集型行业总产品出口国内附加值占中国总产品出口国内附加值的比重一直高于中国劳动密集型行业出口国内附加值的占比。另外，二者之间的差距，在 2008 年之前是在不断扩大的，2009 年之后二者的差距基本上保持稳定。

图 3 –9 计算了 1996 ~2014 年中国不同要素密集型行业总产品出口国内附加值占比变化率的变化趋势，总体来看，中国资本和技术密集型行业总产品出口国内附加值占比变化率在这一时期的大多数年份为正，19 年中只 5 年为负，与之对应的是，中国劳动密集型行业总产品出口国内附加值占比变化率在 19 年中有 12 年为负，这也再次验证了，中国资本和技术密集型行业总产品出口国内附加值在中国总产品出口国内附加值中的作用日益凸显的事实。

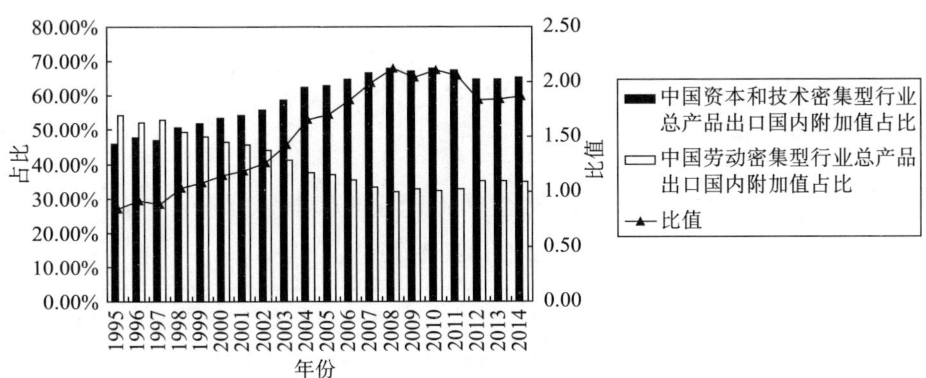

图 3-8　1995～2014 年中国不同要素密集型行业总产品出口国内附加值占比与比值变化趋势

数据来源：根据 WIOD 数据库中的相关数据计算而得。

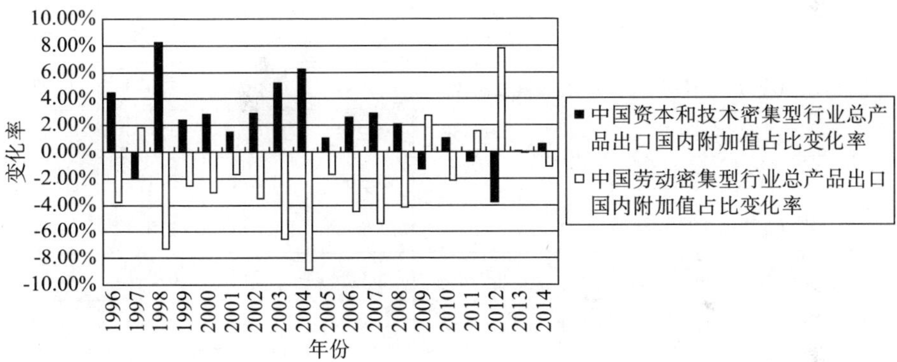

图 3-9　1996～2014 年中国不同要素密集型行业总产品出口国内附加值占比变化率

数据来源：根据 WIOD 数据库中的相关数据计算而得。

从中国不同要素密集型行业出口国内附加值占比的波动幅度来看，这一时期，中国资本和技术密集型行业总产品出口国内附加值变化率的极差是 49.10%，高于中国劳动密集型行业总产品出口国内附加值变化率 12.04% 的极差，这说明，这一时期中国资本和技术密集型行业出口国内附加值的波动幅度更大。

在图 3-8 和图 3-9 的基础上，本书进一步分析了中国各行业总产品出口国内附加值占中国全部（所有）行业出口国内附加值的比重。由于篇幅的限制，在此，只显示 1995 年（开始年份）、2001 年（中国加入 WTO

年份)、2008 年（美国“次贷危机”发生年份)、2014 年（“次贷危机”结束年份）和这一时期均值的变化，计算结果如表 3 - 1 所示。从表 3 - 1 的计算结果可以发现：

表 3 - 1　　1995 ~ 2014 年部分年份中国各行业总产品出口国内附加值比重及均值

单位:%

行业	1995 年	2001 年	2008 年	2014 年	均值
农林牧渔业	4. 508	1. 735	0. 823	0. 652	1. 651
采矿业	2. 557	2. 271	0. 854	0. 564	1. 342
食品、饮料和烟草业	5. 835	3. 802	2. 460	2. 490	3. 510
纺织、服装和皮革制造业	27. 542	19. 893	15. 063	13. 311	18. 305
木材和木制品业	1. 739	0. 770	0. 643	0. 800	0. 876
造纸和印刷业	1. 197	0. 894	0. 409	0. 698	0. 746
焦炭、精炼石油和核燃料制造业	0. 566	1. 044	0. 562	1. 070	0. 771
化学工业	2. 152	4. 292	5. 124	4. 879	4. 478
橡胶和塑料制品业	3. 972	3. 560	2. 874	2. 491	3. 318
其他非金属矿物制品业	2. 411	1. 878	1. 271	2. 014	1. 814
金属和金属制品业	7. 909	5. 906	7. 317	6. 947	6. 715
未列入其他分类的机器设备制造业	3. 067	4. 036	7. 169	7. 783	5. 278
电子和光学设备制造业	18. 753	22. 148	31. 312	28. 907	26. 106
运输设备制造业	1. 608	2. 203	4. 260	4. 768	3. 230
回收业和其他未列入的制造业	2. 807	4. 194	3. 803	4. 203	3. 660
电力、天然气和水的供应业	0. 282	0. 185	0. 100	0. 209	0. 171
建筑业	0. 483	0. 272	0. 449	0. 617	0. 393
汽车和摩托车的销售和维修服务业	0. 000	0. 000	0. 000	0. 000	0. 000
批发服务业	0. 000	6. 737	4. 157	7. 336	5. 296
零售服务业	0. 000	1. 394	0. 860	1. 520	1. 096
酒店和餐饮服务业	2. 455	1. 329	0. 926	0. 428	1. 182
内陆运输业	1. 370	1. 165	0. 842	1. 308	1. 066
水上运输业	0. 878	1. 603	2. 029	1. 342	1. 606

续表

行业	1995 年	2001 年	2008 年	2014 年	均值
航空运输业	1. 440	1. 401	1. 343	0. 947	1. 316
其他辅助运输业，包括旅游服务业	2. 677	0. 575	0. 306	0. 176	0. 765
邮政、电信和音像出版服务业	0. 509	0. 562	0. 616	0. 712	0. 628
金融中介服务业	0. 209	0. 064	0. 114	0. 337	0. 138
不动产服务业	0. 000	0. 000	0. 000	0. 000	0. 000
并购、租赁和其他专业商业服务业	0. 628	2. 809	3. 455	2. 935	2. 744
公共服务和国防服务业	0. 119	0. 079	0. 051	0. 048	0. 064
教育服务业	0. 097	0. 056	0. 031	0. 034	0. 055
健康和医疗服务业	0. 058	0. 036	0. 044	0. 033	0. 030
社会组织服务业	2. 174	3. 108	0. 731	0. 442	1. 650
家庭服务业	0. 000	0. 000	0. 000	0. 000	0. 000

数据来源：根据 WIOD 数据库中的相关数据计算而得，精确到小数点后 3 位。

注：0. 000 表示该行业在该年份没有统计数字或统计数据过小，无法通过小数点后 3 位显示出来。

第一，这一时期，传统意义上的中国劳动密集型行业（农林牧渔业、纺织、服装和皮革制造业、木材和木制品业、造纸和印刷业）和中国资源密集型行业（采矿业）总产品出口国内附加值占中国总产品出口国内附加值的比重是在不断下降的。与之对应的是，中国资本和技术密集型行业（化学工业、电子和光学设备制造业、运输设备制造业、金融中介服务业，邮政、电信和音像出版服务业，并购、租赁和其他专业商业服务业）总产品出口国内附加值占中国总产品出口国内附加值的比重是在不断上升的。

第二，从这一时期的均值来看，以电子和光学设备制造业为代表的部分资本、技术密集型行业和以纺织、服装及皮革制造业为代表的劳动密集型行业出口国内附加值占中国全部出口国内附加值的比重相对较高。

第三，总体而言，中国货物贸易行业总产品出口国内附加值占中国总产品出口国内附加值的比重相对较高，中国服务贸易行业总产品出口国内附加值占中国总产品出口国内附加值的比重相对较低。

第四节　中国总贸易最终品出口国内附加值商品结构变化

在全球价值链分工背景下，一国的出口产品可以根据其用途分为最终品和中间品，相应地，一国的出口国内附加值可以分为最终品出口国内附加值和中间品出口国内附加值。因此，还可以从结构的角度，来分别分析中国最终品和中间品出口国内附加值商品结构，并比较二者的异同。

一、中国总贸易最终品出口国内附加值额变化

图 3－10 计算了 1995～2014 年中国资本和技术密集型、劳动密集型行业最终品出口国内附加值的变化情况。从中可以发现：

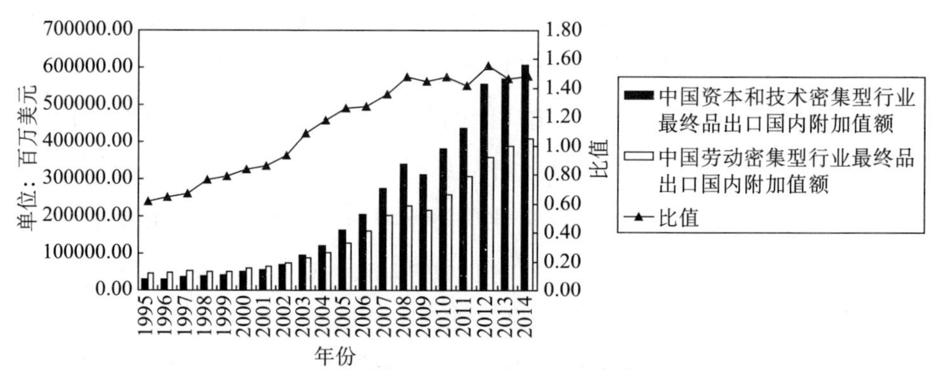

图 3－10　1995～2014 年中国不同要素密集型行业最终品出口国内附加值额与比值变化趋势

数据来源：根据 WIOD 数据库中的相关数据计算而得。

第一，从中国不同要素密集型行业最终品出口国内附加值额的变化上看，中国不同要素密集型行业最终品出口国内附加值额均在不断增加。

第二，相对于中国劳动密集型行业而言，中国资本和技术密集型行业最终品出口国内附加值增长更快；从二者之比的变化来看，1995 年，中国资本和技术密集型行业最终品出口国内附加值与中国劳动密集型行业最终品出口国内附加值之比为 0.62，2014 年二者之比达到了 1.48，这说明，中国最终品出口国内附加值主要集中在中国资本和技术密集型行业。

第三，根据图中中国资本和技术密集型行业最终品出口国内附加值额与中国劳动密集型行业最终品出口国内附加值额之比来看，这一比值虽然总体上是不断上升的，但其最高值却出现在 2012 年（1.55），2014 年二者之比略低于 2012 年二者之比。

第四，对比图 3-6 和图 3-10 可以发现，中国资本和技术密集型行业最终品出口额与中国劳动密集型行业最终品出口额之间的相对差距（比值）小于二者在总产品上的相对差距。

在图 3-10 的基础上，图 3-11 计算了 1996~2014 年中国资本和技术密集型、劳动密集型行业最终品出口国内附加值的变化率。根据图 3-11 的结果，可以看到：一是中国资本和技术密集型行业、劳动密集型行业最终品出口国内附加值变化率在这一时期的绝大多数年份均为正，中国资本和技术密集型行业最终品出口国内附加值变化率只在 2009 年为负，中国劳动密集型行业最终品出口国内附加值变化率仅在 1998 年和 2009 年为负；二是相对于中国劳动密集型行业最终品出口国内附加值变化率而言，中国资本和技术密集型行业最终品出口国内附加值变化率更高；三是从波动幅度来看，中国资本和技术密集型行业最终品出口国内附加值的波动幅度更高。

二、中国总贸易最终品出口国内附加值比重变化

图 3-12 计算了 1995~2014 年中国资本和技术密集型、劳动密集型行业最终品出口国内附加值占中国最终品出口国内附加值比重的变化情况，从中可以发现如下两个特点：

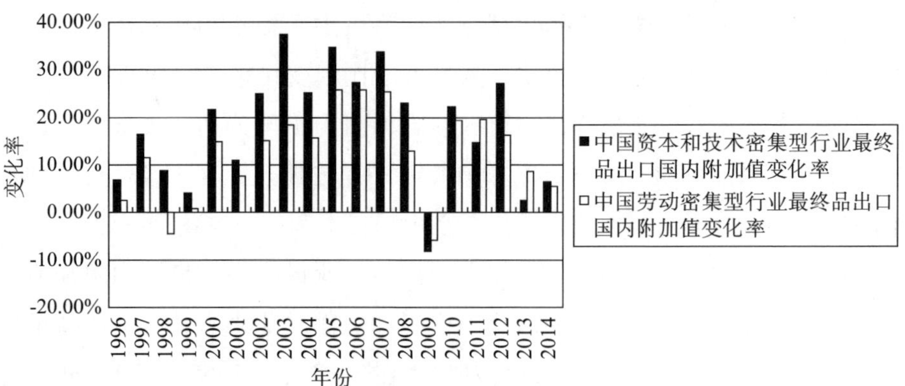

图 3－11　1996～2014 年中国不同要素密集型行业最终品出口国内附加值变化率

数据来源：根据 WIOD 数据库中的相关数据计算而得。

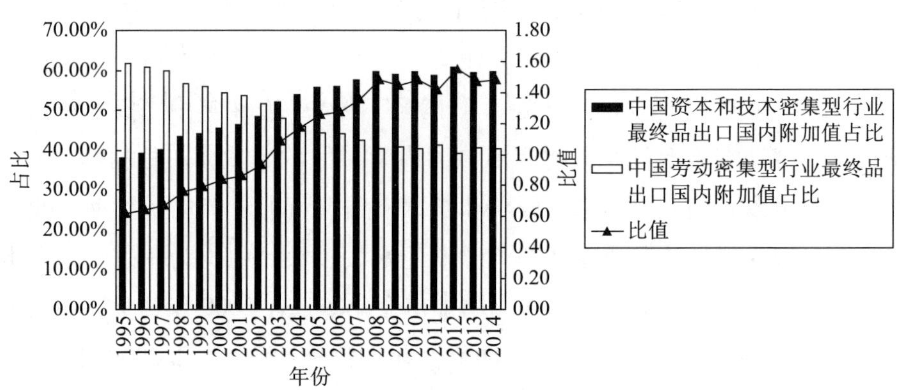

图 3－12　1995～2014 年中国不同要素密集型行业最终品出口国内附加值占比与比值变化趋势

数据来源：根据 WIOD 数据库中的相关数据计算而得。

第一，中国资本和技术密集型行业最终品出口国内附加值占中国出口国内附加值的比重总体呈上升趋势，中国劳动密集型行业最终品出口国内附加值占比则呈下降趋势。

第二，2002 年以后，中国资本和技术密集型行业最终品出口国内附加值占中国最终品出口国内附加值的比重始终高于中国劳动密集型行业最终品出口国内附加值占中国最终品出口国内附加值的比重，且这一差距呈现出不断扩大的趋势。

图3－13计算了1996～2014年中国不同要素密集型行业最终品出口国内附加值占中国最终品出口国内附加值比重变化率的变化趋势。虽然总体来看，中国资本和技术密集型、劳动密集型行业最终品出口国内附加值的变化率在这一时期的大多数年份均为正，但中国资本和技术密集型行业最终品出口国内附加值占中国最终品出口国内附加值比重的变化率总体上高于中国劳动密集型行业最终品出口国内附加值占中国最终品出口国内附加值比重的变化率。

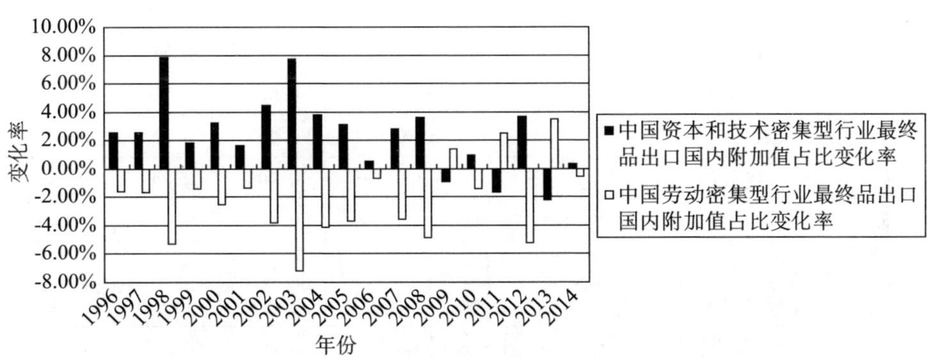

图3－13　1996～2014年中国不同要素密集型行业最终品出口国内附加值占比变化率

数据来源：根据WIOD数据库中的相关数据计算而得。

接下来将分析中国各行业最终品出口国内附加值占中国所有行业最终品出口国内附加值的比重，同样仅显示1995年、2001年、2008年、2014年和1995～2014年均值的变化，结果见表3－2。

表3－2　1995～2014年部分年份中国各行业最终品出口国内附加值比重及均值

单位：%

行业	1995年	2001年	2008年	2014年	均值
农林牧渔业	3.358	1.494	0.880	0.785	1.411
采矿业	0.311	0.054	0.208	0.311	0.166
食品、饮料和烟草业	9.730	6.952	4.575	3.974	6.292
纺织、服装和皮革制造业	36.289	29.956	23.817	20.868	27.223
木材和木制品业	1.752	0.698	0.342	0.232	0.701
造纸和印刷业	1.051	0.520	0.228	0.230	0.496

续表

行业	1995 年	2001 年	2008 年	2014 年	均值
焦炭、精炼石油和核燃料制造业	0. 278	0. 590	0. 253	0. 434	0. 374
化学工业	1. 756	1. 970	2. 277	1. 523	2. 159
橡胶和塑料制品业	3. 113	3. 037	2. 155	1. 368	2. 592
其他非金属矿物制品业	2. 121	1. 680	0. 616	0. 665	1. 265
金属和金属制品业	4. 551	2. 450	2. 145	2. 770	2. 762
未列入其他分类的机器设备制造业	3. 811	6. 020	9. 910	9. 459	7. 250
电子和光学设备制造业	19. 673	25. 089	35. 278	33. 337	29. 189
运输设备制造业	1. 443	1. 959	4. 014	5. 548	3. 232
回收业和其他未列入的制造业	4. 412	7. 377	6. 003	6. 586	5. 943
电力、天然气和水的供应业	0. 150	0. 091	0. 057	0. 192	0. 102
建筑业	0. 370	0. 191	0. 406	0. 009	0. 250
汽车和摩托车的销售和维修服务业	0. 000	0. 000	0. 000	0. 000	0. 000
批发服务业	0. 000	1. 902	1. 211	5. 213	1. 957
零售服务业	0. 000	1. 993	1. 276	1. 058	1. 395
酒店和餐饮服务业	1. 876	0. 791	0. 699	0. 282	0. 844
内陆运输业	0. 448	0. 447	0. 335	0. 833	0. 458
水上运输业	0. 363	0. 642	0. 841	1. 233	0. 759
航空运输业	0. 824	0. 961	0. 979	0. 617	0. 881
其他辅助运输业，包括旅游服务业	0. 569	0. 127	0. 074	0. 101	0. 182
邮政、电信和音像出版服务业	0. 154	0. 193	0. 220	0. 512	0. 258
金融中介服务业	0. 079	0. 024	0. 049	0. 243	0. 070
不动产服务业	0. 000	0. 000	0. 000	0. 000	0. 000
并购、租赁和其他专业商业服务业	0. 084	0. 422	0. 540	1. 006	0. 511
公共服务和国防服务业	0. 098	0. 073	0. 050	0. 030	0. 057
教育服务业	0. 068	0. 041	0. 023	0. 020	0. 041
健康和医疗服务业	0. 058	0. 040	0. 051	0. 020	0. 030
社会组织服务业	1. 209	2. 216	0. 487	0. 543	1. 149
家庭服务业	0. 000	0. 000	0. 000	0. 000	0. 000

数据来源：根据 WIOD 数据库中的相关数据计算而得，精确到小数点后 3 位。

注：0. 000 表示该行业在该年份没有统计数字或统计数据过小，无法通过小数点后 3 位显示出来。

第一，这一时期，传统意义上的中国劳动密集型行业（农林牧渔业、纺织、服装和皮革制造业、木材和木制品业、造纸和印刷业、其他辅助运输业，包括旅游服务业等）和中国资源密集型行业（采矿业）最终品出口国内附加值占中国最终品出口国内附加值的比重是在不断下降的，与之对应，中国资本和技术密集型行业（化学工业、电子和光学设备制造业、运输设备制造业、金融中介服务业，邮政、电信和音像出版服务业与并购、租赁和其他专业商业服务业）最终品出口国内附加值占中国最终品出口国内附加值的比重是在不断上升的。

第二，从这一时期中国各行业均值的角度来看，以电子和光学设备制造业为代表的部分资本和技术密集型行业和以纺织、服装和皮革制造业为代表的部分劳动密集型行业最终品出口国内附加值占中国出口国内附加值的比重相对较高。

第三，总体而言，中国货物贸易行业最终品出口国内附加值占中国最终品出口国内附加值的比重较高，中国服务贸易行业最终品出口国内附加值占中国最终品出口国内附加值的比重相对较低。

第五节 中国总贸易中间品出口国内附加值商品结构变化

本节的结构安排与第四节相似，首先分析中国总贸易中间品出口国内附加值额的变化，然后分析中国总贸易中间品出口国内附加值占比的变化。在此基础上，采用静态指标和动态指标，分析中国总贸易中间品出口国内附加值商品结构的变化。

一、中国总贸易中间品出口国内附加值额变化

图 3 - 14 计算了 1995 ~2014 年中国资本和技术密集型、劳动密集型行

业中间品出口国内附加值额及其均值的变化，其变化特点主要表现在以下四个方面：

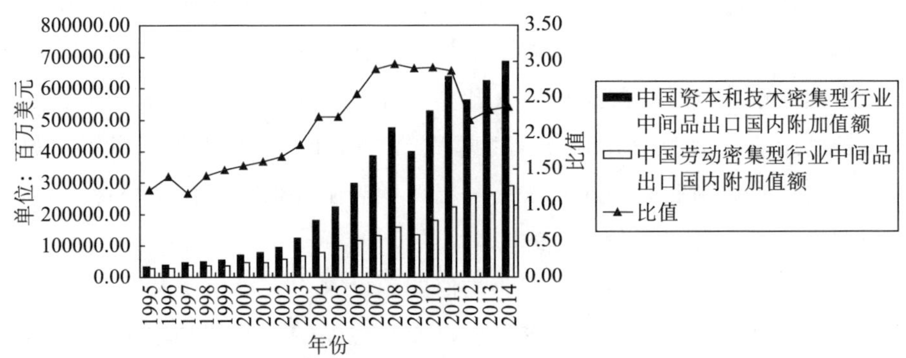

图 3－14　1995～2014 年中国不同技术密集型行业中间品出口国内附加值额与比值变化趋势

数据来源：根据 WIOD 数据库中的相关数据计算而得。

第一，中国不同要素密集型行业中间品出口国内附加值额均在不断增加。

第二，相对于中国劳动密集型行业而言，中国资本和技术密集型行业中间品出口国内附加值增加得更快。从二者之比的变化来看，1995 年，中国资本和技术密集型行业中间品出口国内附加值与中国劳动密集型行业中间品出口国内附加值之比为 1. 21，这说明在 1995 年，中间品出口国内附加值就已经主要来源于中国资本和技术密集型行业。2014 年，二者之比进一步扩大到了 2. 39，即二者对中国中间品出口国内附加值在贡献程度上的差距进一步扩大。

第三，从中国资本和技术密集型行业中间品出口国内附加值额与中国劳动密集型行业中间品出口国内附加值额之比来看，虽然这一比值总体上是在上升的，其峰值出现在 2008 年（2. 97），此后经历了一个先下降后上升的变化趋势，2014 年这一比值低于 2008 年的峰值。

第四，对比图 3－10 和图 3－14 可以发现，中国资本和技术密集型行业对中国中间品出口国内附加值的贡献程度更大，与中国劳动密集型行业出口国内附加值的相对差距也更大。

图 3－15 计算了 1996～2014 年中国资本和技术密集型、劳动密集型行业中间品出口国内附加值的变化率。从中可以发现，这一时期中国不同要素密集型行业中间品出口国内附加值额的变化呈现出以下三个特点：

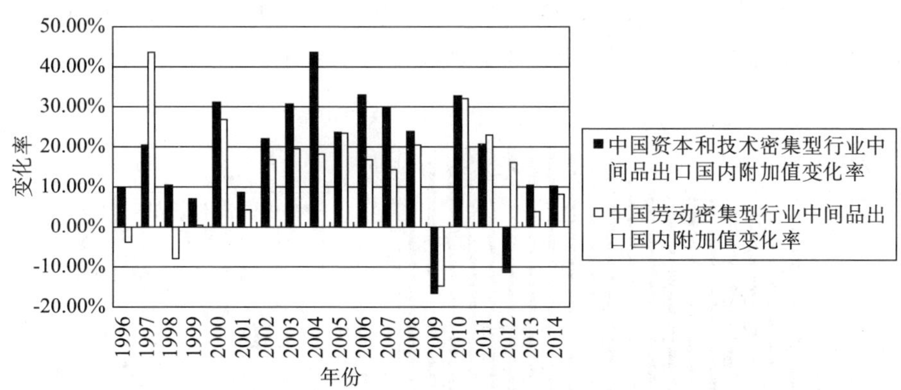

图 3－15　1996～2014 年中国不同要素密集型行业中间品出口国内附加值变化率

数据来源：根据 WIOD 数据库中的相关数据计算而得。

第一，这一时期，中国不同要素密集型行业中间品出口国内附加值额变化率在多数年份为正，中国资本和技术密集型行业中间品出口国内附加值变化率只在 2009 年和 2012 年为负，中国劳动密集型行业中间品出口国内附加值变化率在 1996 年、1998 年和 2009 年为负。这说明，中国资本和技术密集型、劳动密集型行业中间品出口国内附加值额在总体上呈现出增长的变化趋势。

第二，相对于中国劳动密集型行业中间品出口国内附加值变化率，中国资本和技术密集型行业中间品出口国内附加值变化率更高，波动幅度也更大。

第三，对比图 3－11 和图 3－15 可以发现，无论是中国资本和技术密集型行业，还是中国劳动密集型行业，其中间品出口国内附加值额的变化率在总体上高于最终品出口国内附加值额的变化率。这也说明了，与中国不同要素密集型行业最终品出口相比，中国不同要素密集型行业中间品出口国内附加值额的变化幅度更大。

二、中国总贸易中间品出口国内附加值占比变化

1995～2014 年中国不同类型行业中间品出口国内附加值占中国中间品出口国内附加值的比重见图 3－16。从图中可以看出：

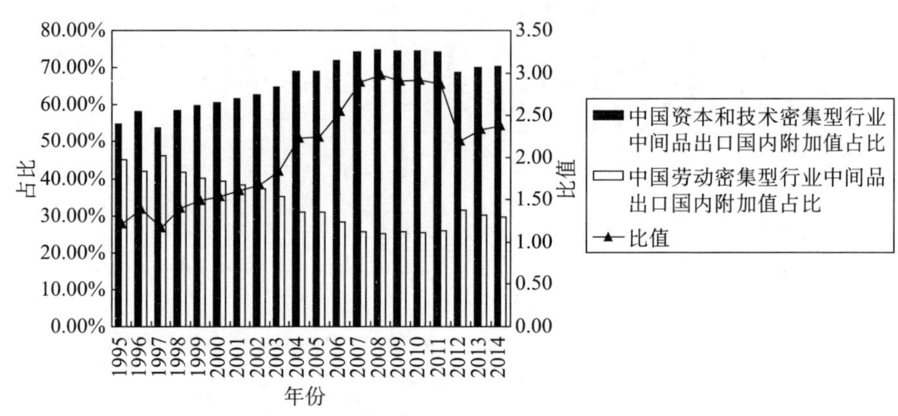

图 3－16　1995～2014 年中国不同要素密集型行业中间品出口国内附加值占比与比值变化趋势

数据来源：根据 WIOD 数据库中的相关数据计算而得。

第一，中国资本和技术密集型行业中间品出口国内附加值占中国中间品出口国内附加值的比重呈现出先上升后下降的变化趋势，中国劳动密集型行业中间品出口国内附加值占比则呈现出先下降后上升的变化趋势。但相对于 1995 年而言，2014 年中国资本和技术密集型行业中间品出口国内附加值占比仍然较高。

第二，对比图 3－12 和图 3－16 可以发现，相对于中国资本和技术密集型行业最终品出口，中国资本和技术密集型行业中间品出口国内附加值占比更高。这也说明，在中间品出口中，中国资本和技术密集型行业的重要性相对更高。

图 3－17 显示了 1996～2014 年中国不同要素密集型行业中间品出口国内附加值占比变化率的变化趋势。其变化趋势体现出以下两个特点：

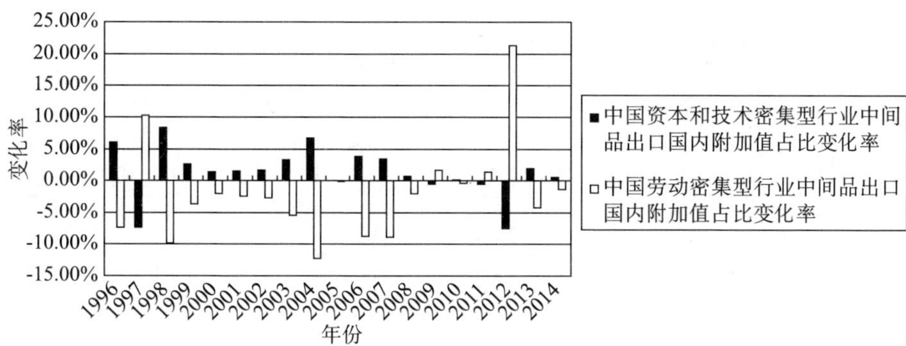

图 3－17 1996～2014 年中国不同要素密集型行业中间品出口国内附加值占比变化率

数据来源：根据 WIOD 数据库中的相关数据计算而得。

第一，虽然总体来看，中国资本和技术密集型行业、劳动密集型行业中间品出口国内附加值占中国中间品出口国内附加值比重的变化率在这一时期的大多数年份均为正，但中国资本和技术密集型行业中间品出口国内附加值占中国中间品出口国内附加值比重的变化率高于中国劳动密集型行业中间品出口国内附加值占中国中间品出口国内附加值比重的变化率。

第二，进一步对比图 3－13 和图 3－17 可以发现，相对于中国不同要素密集型行业最终品出口国内附加值比重的变化率，中国不同要素密集型行业中间品出口比重变化率的变化幅度更大。

在图 3－16 和图 3－17 的基础上，将进一步具体分析中国各行业中间品出口国内附加值占中国中间品出口国内附加值的比重，计算结果见表 3－3，从中可以发现以下三个主要特点：

表 3－3 1995～2014 年部分年份中国各行业中间品出口内附加值比重及均值

单位：%

行业	1995 年	2001 年	2008 年	2014 年	均值
农林牧渔业	5.888	1.975	0.788	0.530	1.926
采矿业	5.228	4.359	1.434	0.823	2.515
食品、饮料和烟草业	1.225	0.869	0.636	1.017	0.812
纺织、服装和皮革制造业	17.102	10.450	7.564	5.784	9.760
木材和木制品业	1.729	0.843	0.922	1.394	1.046

续表

行业	1995 年	2001 年	2008 年	2014 年	均值
造纸和印刷业	1. 371	1. 250	0. 575	1. 190	0. 994
焦炭、精炼石油和核燃料制造业	0. 906	1. 476	0. 840	1. 728	1. 164
化学工业	2. 619	6. 452	7. 612	8. 296	6. 696
橡胶和塑料制品业	4. 994	4. 058	3. 525	3. 651	4. 043
其他非金属矿物制品业	2. 764	2. 075	1. 872	3. 432	2. 370
金属和金属制品业	11. 892	9. 129	11. 865	11. 219	10. 511
未列入其他分类的机器设备制造业	2. 186	2. 183	4. 805	6. 091	3. 445
电子和光学设备制造业	17. 610	19. 186	27. 066	23. 666	22. 662
运输设备制造业	1. 808	2. 445	4. 535	4. 024	3. 244
回收业和其他未列入的制造业	0. 909	1. 230	1. 922	1. 819	1. 490
电力、天然气和水的供应业	0. 439	0. 273	0. 139	0. 230	0. 240
建筑业	0. 620	0. 351	0. 498	1. 261	0. 548
汽车和摩托车的销售和维修服务业	0. 000	0. 000	0. 000	0. 000	0. 000
批发服务业	0. 000	11. 299	6. 805	9. 563	8. 500
零售服务业	0. 000	0. 839	0. 506	2. 011	0. 839
酒店和餐饮服务业	3. 152	1. 846	1. 148	0. 588	1. 531
内陆运输业	2. 466	1. 843	1. 299	1. 813	1. 671
水上运输业	1. 491	2. 512	3. 118	1. 464	2. 419
航空运输业	2. 176	1. 824	1. 688	1. 302	1. 759
其他辅助运输业，包括旅游服务业	5. 190	1. 000	0. 516	0. 255	1. 383
邮政、电信和音像出版服务业	0. 933	0. 913	0. 978	0. 928	0. 998
金融中介服务业	0. 364	0. 102	0. 174	0. 438	0. 208
不动产服务业	0. 000	0. 000	0. 000	0. 000	0. 000
并购、租赁和其他专业商业服务业	1. 277	5. 072	6. 085	4. 968	4. 892
公共服务和国防服务业	0. 144	0. 085	0. 052	0. 068	0. 072
教育服务业	0. 132	0. 070	0. 038	0. 049	0. 070
健康和医疗服务业	0. 059	0. 032	0. 039	0. 047	0. 030
社会组织服务业	3. 324	3. 961	0. 959	0. 351	2. 162
家庭服务业	0. 000	0. 000	0. 000	0. 000	0. 000

数据来源：根据 WIOD 数据库中的相关数据计算而得，精确到小数点后 3 位。

注：0. 000 表示该行业在该年份没有统计数字或统计数据过小，无法通过小数点后 3 位显示出来。

第一，这一时期，传统意义上的中国劳动密集型行业（农林牧渔业、纺织、服装和皮革制造业、木材和木制品业、造纸和印刷业、其他辅助运输业，包括旅游服务业等）和资源密集型行业（采矿业）中间品出口国内附加值占中国中间品出口国内附加值的比重是在不断下降的。与之相比，中国资本和技术密集型行业（化学工业、电子和光学设备制造业，运输设备制造业，金融中介服务业，邮政、电信和音像出版服务业，并购、租赁和其他专业商业服务业）中间品出口国内附加值占中国中间品出口国内附加值的比重却是在不断上升的。

第二，从这一时期各行业的均值来看，以电子和光学设备制造业为代表的部分资本和技术密集型行业和以纺织、服装和皮革制造业为代表的部分劳动密集型行业中间品出口国内附加值占中国中间品出口国内附加值的比重相对较高。

第三，总体而言，中国货物贸易各行业中间品出口国内附加值占中国中间品出口国内附加值的比重相对较高，中国服务贸易各行业中间品出口国内附加值占中国中间品出口国内附加值的比重相对较低。

第六节　中国总贸易总产品出口国内附加值商品结构变化指数

在这一部分中，本书将以方程（3－1）为基础，通过对方程（3－1）中的变量赋予新的含义，来计算中国总贸易出口国内附加值商品结构变化指数，具体计算公式如方程（3－19）所示。

$$ES_{export\_DVA} = \sum_{i=1}^{n} \frac{\Delta DVA_{i,t}}{DVA_{i,t-1}} \times \left[\left(\frac{DVA_i}{DVA}\right)_t - \left(\frac{DVA_i}{DVA}\right)_{t-1} \right] \qquad (3-19)$$

其中，ES_{export_DVA} 为基于国内附加值计算的结构变化指数，$DVA_{i,t}$ 为第 t 年 i 行业的出口国内附加值绝对额，$\left(\frac{DVA_i}{DVA}\right)_t$ 为第 t 年的出口国内附加值商品结构。

根据方程（3－19），本书计算了1996～2014年中国总贸易总产品、最终品和中间品出口国内附加值商品结构变化指数的变化趋势，计算结果如图3－18所示。从中可以发现：

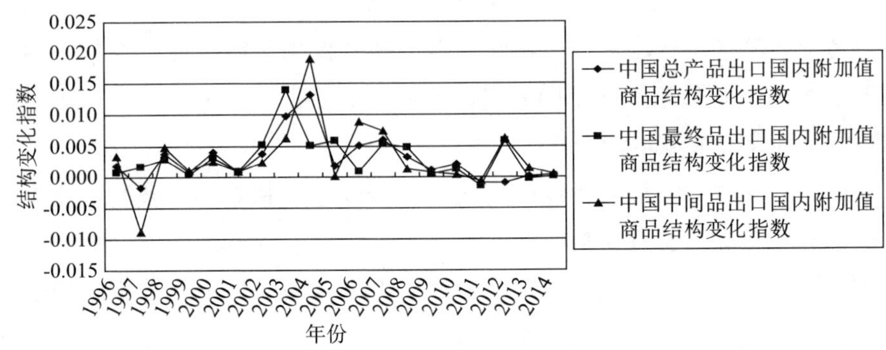

图3－18　1996～2014年中国总贸易出口国内附加值商品结构变化指数变动趋势

数据来源：根据WIOD数据库中的相关数据计算而得。

第一，总体来讲，这一时期中国总贸易总产品出口国内附加值商品结构变化指数的变化趋势为正。这说明，这一时期无论是中国总产品出口国内附加值商品结构，还是中国最终品或中间品出口国内附加值商品结构，都是在不断优化的。

第二，总的来看，这一时期中国总贸易中间品出口国内附加值商品结构变化指数的变动幅度大于最终品和总产品出口国内附加值商品结构变化指数的变动幅度。

本章小结

本章主要从中国总贸易（包括货物贸易和服务贸易）和总产品（包括最终品和中间品）出口国内附加值商品结构及其变化指数这几个方面，对中国出口国内附加值商品结构的变化趋势进行了具体的和较为深入的分析，从中得到以下主要结论：

第一，从中国不同要素密集型行业出口国内附加值额的角度来看，无论是总产品出口国内附加值额，还是最终品或是中间品出口国内附加值额，中国资本和技术密集行业、劳动密集型行业在上述三类出口国内附加值额中的比重均是在不断上升的。

第二，从中国不同要素密集型行业出口国内附加值占比的角度来看，中国资本和技术密集型行业出口国内附加值额占中国总产品出口国内附加值额的比重总体上是在不断上升的，且这一结论同样适用于中国最终品和中间品出口国内附加值商品结构。在具体行业上，无论是中国总产品出口国内附加值商品结构，还是中国最终品或中间品出口国内附加值商品结构，都表现出以纺织、服装和皮革制造业为代表的传统意义上的劳动密集型行业和资源密集型行业出口国内附加值额占中国总产品出口国内附加值额的比重不断下降，以电子和光学设备制造业为代表的中国资本和技术密集型行业出口国内附加值额占中国总产品出口国内附加值额的比重不断上升。

第三，从中国最终品出口国内附加值额和中间品出口国内附加值额的对比来看，中国出口国内附加值主要是由中间品出口创造的，但在2012~2014年，最终品出口国内附加值额变化速度较快，在各年的中国出口国内附加值额中已经超过中间品出口国内附加值额。

第四，从中国最终品出口国内附加值商品结构和中国中间品出口国内附加值商品结构的对比来看，在报告期内，中国资本和技术密集型行业中间品出口国内附加值额占比高于最终品出口国内附加值额占比，而且中国资本和技术密集型行业中间品出口占中国中间品出口国内附加值的比重在各年度的变化幅度高于其占中国最终品出口国内附加值比重的变化幅度。这说明，相对于最终品出口国内附加值额而言，中国资本和技术密集型行业中间品出口国内附加值额的占比更容易受到其他各种因素的影响，其波动幅度更大。

第五，从中国不同要素密集型行业最终品和中间品出口国内附加值额的对比来看，中国资本和技术密集型行业中间品出口国内附加值额在中国中间品出口国内附加值额中的占比始终高于中国劳动密集型行业中间品出口国内附加值额在中国中间品出口国内附加值额中的占比。但是，中国资本和技术密集型行业在中国最终品出口国内附加值额中的占比只是在2003年之后才高于中国劳动密集型行业在中国最终品出口国内附加值额中的占比。

第六，对中国总贸易出口国内附加值商品结构变化指数的分析表明，在报告期内，无论是中国总产品还是最终品或中间品出口国内附加值商品结构都是在不断优化的，且中间品出口国内附加值商品结构变化指数的变动幅度大于最终品和总产品出口国内附加值商品结构变化指数的变动幅度。

第四章

中国货物贸易出口国内附加值商品结构分析

对照上一章的内容，本章也将从绝对量或总量（中国货物贸易出口国内附加值额）和比重（中国资本和技术密集型货物贸易行业出口国内附加值额占中国货物贸易出口国内附加值额的比重）两个方面，对中国货物贸易及其总产品、最终品、中间品出口国内附加值商品结构的变化情况进行系统、深入的分析；同时采用结构变化指数，认真分析中国货物贸易出口国内附加值商品结构的优化程度。

在本章的结构安排上，第一节是中国货物贸易出口商品结构变化分析，基于中国货物贸易总量数据统计，分析中国货物贸易出口商品结构；第二节为中国货物贸易总产品出口国内附加值商品结构变化分析，主要分析中国货物贸易总产品（包括中间品和最终品）出口国内附加值商品结构的变化；第四节和第五节，在第三节的基础上，分别分析中国货物贸易最终品和中间品出口国内附加值商品结构的变化趋势；第六节，主要采用结构变化指数来分析本书所选定时期的中国货物贸易出口国内附加值商品结构的优化程度；最后对本章研究内容做一小结。

第一节　中国货物贸易出口商品结构变化

本节的数据主要来自历年中国统计年鉴。在分析指标的确立上，首先将中国货物贸易行业分为资本和技术密集型行业、劳动密集型行业，进而把中国不同要素密集型货物贸易行业的出口额及其占中国货物贸易出口的比重和变化率作为测算指标。

一、中国货物贸易出口额变化

图4－1是1990～2017年中国资本和技术密集型、劳动密集型货物贸易行业出口额的变化趋势，从中可以发现：这一时期二者均呈显著上升趋势，相较于1990年，2017年中国资本和技术密集型货物贸易行业出口额

增长了130.32倍，中国劳动密集型货物贸易行业出口额增长了18.70倍；2004年之后，中国资本和技术密集型货物贸易行业出口额开始高于中国劳动密集型货物贸易行业出口额。从二者的比值上也可以发现，这一时期中国资本和技术密集型货物贸易行业出口额与中国劳动密集型货物贸易行业出口额之比经历了一个先上升后下降的变化趋势，二者之比在2010年达到前一阶段的峰值。此后虽有所下降，但不久又迅速攀升，到2017年，二者之比为1.11，已经高于2010年的1.09。上述事实也说明了，虽然这一时期中国资本和技术密集型、劳动密集型货物贸易行业出口额均在不断增加，但中国资本和技术密集型货物贸易行业出口额增加的幅度更大。

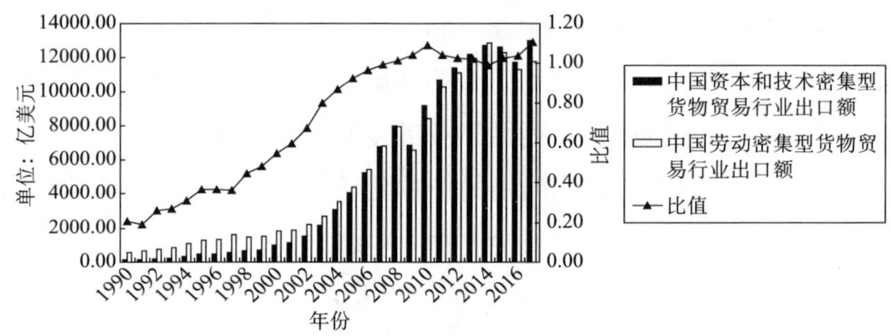

图4-1 1990~2017年中国不同要素密集型货物贸易行业出口额与比值变化趋势

数据来源：根据历年中国统计年鉴中的相关数据计算而得。

1991~2017年中国不同要素密集型货物贸易行业出口额变化率的变动趋势如图4-2所示。从中可以发现以下三个特点：

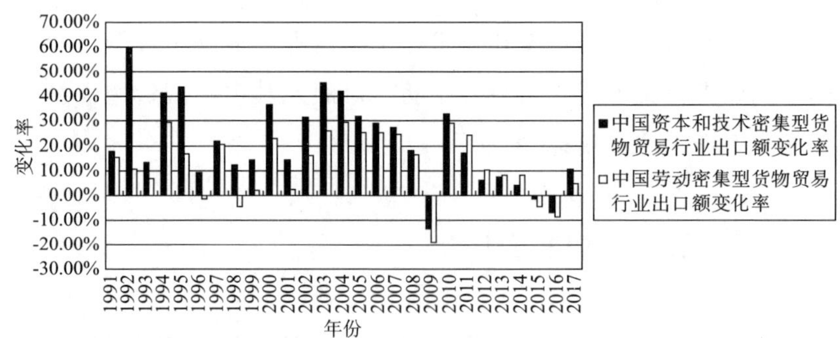

图4-2 1991~2017年中国不同要素密集型货物贸易行业出口额变化率

数据来源：根据历年中国统计年鉴中的相关数据计算而得。

第一，从中国不同要素密集型货物贸易行业出口额的变化率来看，总体上，中国资本和技术密集型、劳动密集型货物贸易行业出口额的变化率大多数年份均为正，在 27 年中，中国资本和技术密集型货物贸易行业出口额的变化率有 3 年为负（2009 年、2015 年、2016 年），中国劳动密集型货物贸易行业出口额的变化率有 5 年为负（1996 年、1998 年、2009 年、2015 年、2016 年）。

第二，从中国资本和技术密集型、劳动密集型货物贸易行业出口额变化率的对比来看，资本和技术密集型货物贸易行业出口额的变化率大于劳动密集型货物贸易行业出口额的变化率，这一特点从二者的均值上观察比较则更为明显。这一时期，中国资本和技术密集型货物贸易行业出口额变化率的均值约为 21.02%，中国劳动密集型货物贸易行业出口额变化率的均值约为 12.44%，比前者低了近 9 个百分点。

第三，中国资本和技术密集型货物贸易行业出口额变化率的波动幅度明显高于中国劳动密集型货物贸易行业出口额变化率的波动幅度。

总体而言，虽然中国不同要素密集型货物贸易行业出口额都在快速增长，但资本和技术密集型货物贸易行业出口额的增长速度更快，其波动幅度也更大。

二、中国货物贸易出口额比重变化

图 4 – 3 反映了 1990 ~ 2017 年中国不同要素密集型货物贸易行业出口额比重的变化趋势，从中可以发现：

第一，总体来看，中国资本和技术密集型货物贸易行业出口额占中国货物贸易行业出口额的比重是在不断上升的，中国劳动密集型货物贸易行业出口额占中国货物贸易行业出口额的比重是在不断下降的。

第二，在 2004 年之后，中国资本和技术密集型、劳动密集型货物贸易行业出口额所占比重虽然也有所变化，但幅度远小于 2004 年之前，这说明在 2004 年之后，二者基本上保持了一个相对稳定的状态。

第三，二者之比是在不断上升的，由 1990 年的 0.17 上升到 2017 年的

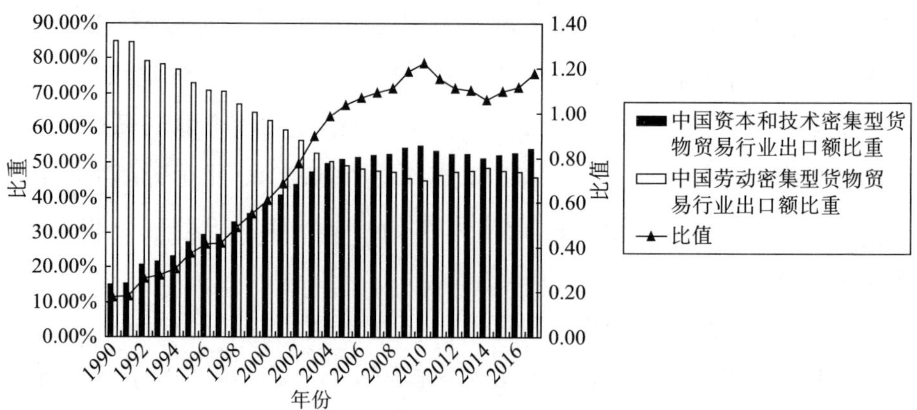

图 4-3 1990~2017 年中国不同要素密集型货物贸易行业出口额比重与比值变化趋势

数据来源：根据历年中国统计年鉴中的相关数据计算而得。

1.18，这也说明了这一时期中国资本和技术密集型货物贸易行业出口在中国货物贸易行业出口中的重要性是在不断提高的。

基于图 4-3，图 4-4 计算了 1991~2017 年中国不同要素密集型货物贸易行业出口比重的变化趋势。从中可以发现：

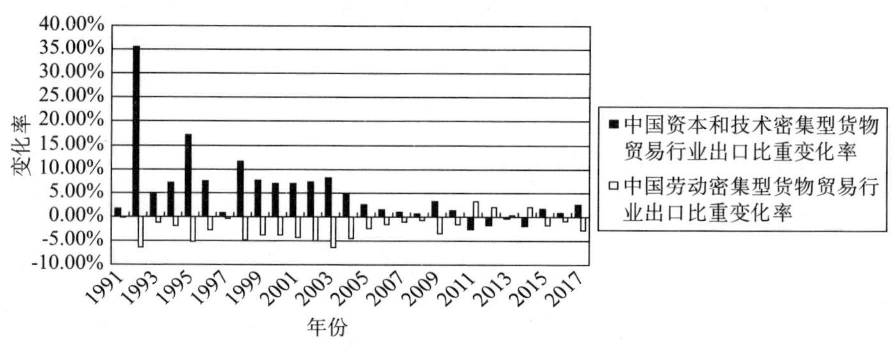

图 4-4 1991~2017 年中国不同要素密集型货物贸易行业出口比重变化率

数据来源：根据历年中国统计年鉴中的相关数据计算而得。

第一，在大多数年份，中国资本和技术密集型货物贸易行业出口占中国货物贸易行业出口比重的变化率为正，只有 4 年的变化率为负；中国劳动密集型货物贸易行业出口占中国货物贸易行业出口比重的变化率在大多数年份为负，只有 4 年的变化率为正。这也进一步说明了，从变化率的角度来看，在这一时期的中国货物贸易行业出口中，资本和技术密集型货物贸易行业出口的重要性是在不断提高的。

第二，中国资本和技术密集型货物贸易行业出口占中国货物贸易行业出口比重变化率的波动幅度远大于中国劳动密集型货物贸易行业出口比重变化率的波动幅度。

三、中国货物贸易出口商品结构变化指数

在这一部分中，本书将根据第三章的方程（3－1）计算中国货物贸易出口商品结构变化指数[124]，计算结果如图4－5所示。从中可以发现：

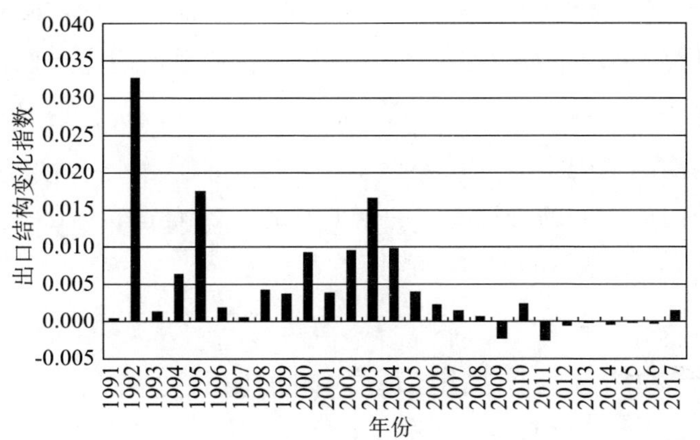

图4－5　1991～2017年中国货物贸易出口商品结构变化指数变动趋势

数据来源：根据历年中国统计年鉴中的相关数据计算而得。

第一，在这一时期的大多数年份，中国货物贸易行业出口商品结构变化指数为正。这说明，这一时期中国货物贸易出口商品结构总体上是在不断优化的，中国货物贸易出口商品结构优化指数达到了0.12。

第二，在这一时期，中国货物贸易出口商品结构变化指数的变动幅度并不大，最高年份（1992年）也没有超过0.04。这说明，中国货物贸易出口商品结构的优化幅度并不大。

第二节 中国货物贸易总产品出口国内附加值商品结构变化

在研究方法和测算指标上，本节将基于第三章的方程（3－17）和方程（3－18），首先计算中国货物贸易总产品出口国内附加值额，然后分别计算中国资本和技术密集型、劳动密集型货物贸易行业总产品出口国内附加值额，以及二者分别占中国货物贸易行业总产品出口国内附加值额的比重，最后计算中国不同要素密集型货物贸易行业总产品出口国内附加值额及其占比在历年的变化率。计算结果将用于分析中国货物贸易总产品出口国内附加值商品结构。

本节中所使用的数据均来自世界投入产出数据库（WIOD）提供的国家间非竞争型投入产出表[125][126]。

一、中国货物贸易总产品出口国内附加值额变化

图 4－6 计算了 1995～2014 年中国资本和技术密集型、劳动密集型货物贸易行业总产品出口国内附加值额及各年度二者比值的变化趋势，从中可以发现以下两个特点：一是从总量上看，这一时期中国资本和技术密集型、劳动密集型货物贸易行业出口总产品国内附加值额均呈快速上升的变化趋势；二是从相对量上看，二者的差距日益扩大，这一点也可以从二者的比值上看出来，二者的比值也是在不断上升的，由 1995 年的 0.78 上升到 2014 年的 2.30。

图 4－7 显示的是 1996～2014 年中国不同要素密集型货物贸易行业总产品出口国内附加值的变化率，从中可以发现：

第一，这一时期中国资本和技术密集型、劳动密集型货物贸易行业总

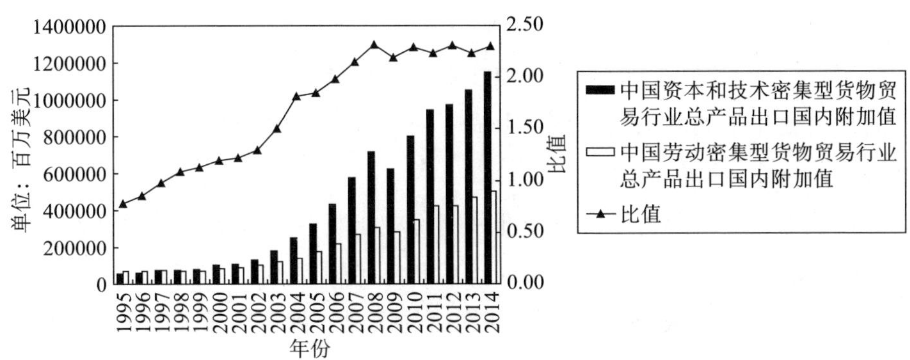

图 4－6　1995～2014 年中国不同要素密集型货物贸易行业总产品出口国内附加值与比值变化趋势

数据来源：根据 WIOD 数据库中的相关数据计算而得。

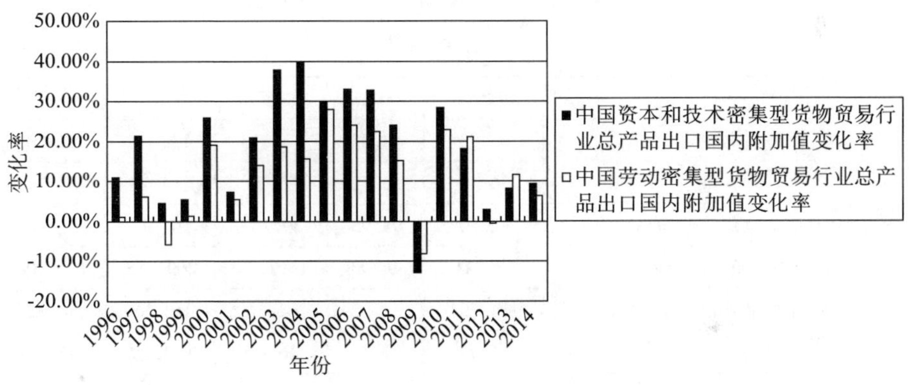

图 4－7　1996～2014 年中国不同要素密集型货物贸易行业总产品出口国内附加值变化率

数据来源：根据 WIOD 数据库中的相关数据计算而得。

产品出口国内附加值的变化率在大多数年份为正，这说明这一时期二者均保持了一个正的变化趋势。

第二，除 2009 年以外，在其他年份，中国资本和技术密集型货物贸易行业总产品出口国内附加值的变化率均高于中国劳动密集型货物贸易行业总产品出口国内附加值的变化率。这说明，相对于中国劳动密集型货物贸易行业总产品出口国内附加值，由 2008 年美国次贷危机所造成的“贸易大崩溃”对中国资本和技术密集型货物贸易行业总产品出口国内附加值额的影响更大。

第三，这一时期，中国资本和技术密集型货物贸易行业总产品出口国内附加值变化率的波动幅度高于中国劳动密集型货物贸易行业总产品出口国内附加值变化率的波动幅度。

接下来进一步分析这一时期部分年份中国货物贸易各行业总产品出口国内附加值的变化。与第三章类似，在此，同样只显示 1995 年、2001 年、2008 年、2014 年的数据及这一时期均值的情况，计算结果如表 4 – 1 所示。从中可发现：在中国货物贸易各行业中，电子和光学设备制造业总产品的出口国内附加值额最高，其次为食品、饮料和烟草业，电力、天然气和水的供应业总产品的出口国内附加值额最低。

表 4 – 1　1995 ~ 2014 年部分年份中国货物贸易行业总产品出口国内附加值及均值

单位：亿美元

行业	1995 年	2001 年	2008 年	2014 年	均值
农林牧渔业	63.73	43.33	111.53	132.07	83.50
采矿业	36.15	56.72	55.73	114.10	67.73
食品、饮料和烟草业	82.50	94.95	292.53	504.11	223.87
纺织、服装和皮革制造业	389.41	496.88	1691.74	2694.88	1235.00
木材和木制品业	24.59	19.22	64.36	161.88	58.82
造纸和印刷业	16.92	22.33	46.67	141.29	47.36
焦炭、精炼石油和核燃料制造业	8.00	26.09	50.42	216.57	61.02
化学工业	30.43	107.21	521.63	987.79	376.93
橡胶和塑料制品业	56.16	88.93	325.58	504.27	233.63
其他非金属矿物制品业	34.09	46.92	138.39	407.75	130.81
金属和金属制品业	111.83	147.52	588.57	1406.41	517.32
未列入其他分类的机器设备制造业	43.37	100.81	736.45	1575.65	520.88
电子和光学设备制造业	265.14	553.19	3552.25	5852.19	2315.88
运输设备制造业	22.73	55.01	458.72	965.28	328.11
回收业和其他未列入的制造业	39.69	104.75	443.16	850.81	306.27
电力、天然气和水的供应业	3.99	4.61	9.39	42.40	12.03

数据来源：根据历年中国统计年鉴中的相关数据计算而得，精确到小数点后 2 位。

二、中国货物贸易总产品出口国内附加值占比变化

图4－8显示了1995～2014年中国资本和技术密集型、劳动密集型货物贸易行业总产品出口国内附加值占中国货物贸易总产品出口国内附加值的比重和二者比例的变化情况，从中可见：

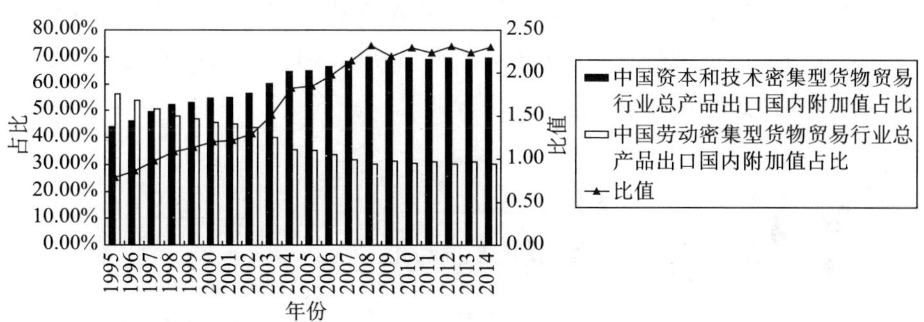

图4－8　1995～2014年中国不同要素密集型货物贸易行业总产品出口国内附加值占比与比值变化趋势

数据来源：根据WIOD数据库中的相关数据计算而得。

第一，从中国资本和技术密集型、劳动密集型货物贸易行业总产品出口国内附加值占比的变化来看，中国资本和技术密集型货物贸易行业总产品出口国内附加值占比不断提高，中国劳动密集型货物贸易行业总产品出口国内附加值占比不断下降。这一特点从二者的比值上看更加明显，二者的比值在这一时期总体上是在不断上升的。

第二，具体来看，1995～1997年，中国劳动密集型货物贸易行业总产品出口国内附加值占比高于中国资本和技术密集型货物贸易行业出口国内附加值占比；1998年以后，中国资本和技术密集型货物贸易行业总产品出口国内附加值占比超过中国劳动密集型货物贸易行业总产品出口国内附加值占比，且二者的差距不断扩大。其中，中国资本和技术密集型货物贸易行业总产品出口国内附加值占中国货物贸易行业总产品出口国内附加值的比重由1995年的43.90%上升到2014年的69.68%，20年增加了约26个百分点，上升了约59%。

图4－9为1996～2014年中国不同要素密集型货物贸易行业总产品出口国内附加值占比变化率。从中可以发现：在19年中，中国劳动密集型货物贸易行业总产品出口国内附加值占比的变化率仅有3年为正，且变化率最高的年份也没有超过5%，变化率最低的年份则超过了－10%；与之对应的是，中国资本和技术密集型货物贸易行业总产品出口国内附加值变化率最高时达到了7.39%，最低年份在－5%以下。上述从变化率角度的分析也进一步证明了，这一时期中国资本和技术密集型货物贸易行业总产品出口国内附加值占中国货物贸易行业总产品出口国内附加值的比重不断上升，其重要性越来越强的事实。

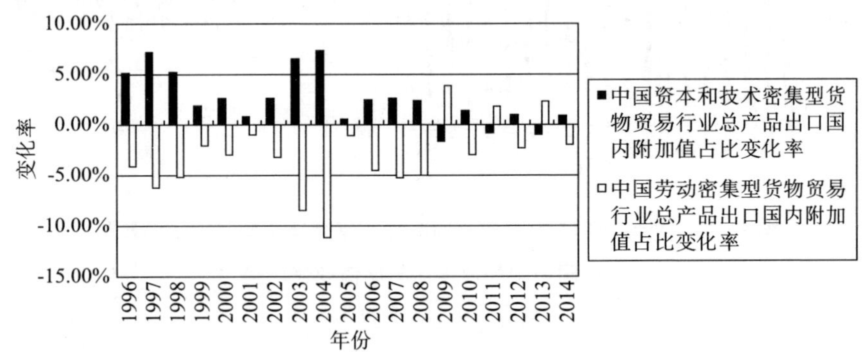

图4－9 1996～2014年中国不同要素密集型货物贸易行业总产品出口国内附加值占比变化率

数据来源：根据WIOD数据库中的相关数据计算而得。

在图4－8和图4－9的基础上，本书进一步计算了部分年份中国货物贸易各行业总产品出口国内附加值占中国货物贸易行业总产品出口国内附加值的比重及这一时期的均值，计算结果如表4－2所示。从中可见：

表4－2 1995～2014年部分年份中国货物贸易行业总产品出口国内附加值比重及均值

单位：%

行业	1995年	2001年	2008年	2014年	均值
农林牧渔业	5.187	2.201	0.979	0.798	2.002
采矿业	2.942	2.882	1.016	0.689	1.643
食品、饮料和烟草业	6.714	4.824	2.927	3.045	4.273
纺织、服装和皮革制造业	31.692	25.242	17.922	16.276	22.303

续表

行业	1995 年	2001 年	2008 年	2014 年	均值
木材和木制品业	2.001	0.976	0.766	0.978	1.064
造纸和印刷业	1.377	1.134	0.487	0.853	0.911
焦炭、精炼石油和核燃料制造业	0.651	1.325	0.669	1.308	0.949
化学工业	2.477	5.446	6.097	5.966	5.474
橡胶和塑料制品业	4.570	4.518	3.420	3.046	4.046
其他非金属矿物制品业	2.774	2.383	1.512	2.463	2.213
金属和金属制品业	9.101	7.494	8.706	8.494	8.189
未列入其他分类的机器设备制造业	3.530	5.121	8.529	9.516	6.441
电子和光学设备制造业	21.579	28.103	37.256	35.345	31.861
运输设备制造业	1.850	2.795	5.069	5.830	3.941
回收业和其他未列入的制造业	3.230	5.321	4.525	5.139	4.481
电力、天然气和水的供应业	0.325	0.234	0.119	0.256	0.209

数据来源：根据 WIOD 数据库中的相关数据计算而得，精确到小数点后 3 位。

第一，这一时期，传统意义上的中国劳动密集型货物贸易行业（农林牧渔业、纺织、服装和皮革制造业、木材和木制品业、造纸和印刷业）和资源密集型货物贸易行业（采矿业）总产品出口国内附加值占中国货物贸易行业总产品出口国内附加值的比重是在不断下降的。与之对应的是，中国资本和技术密集型货物贸易行业（化学工业、电子和光学设备制造业、运输设备制造业等）总产品出口国内附加值占中国货物贸易行业总产品出口国内附加值的比重是在不断上升的。

第二，从这一时期的均值来看，电子和光学设备制造业总产品出口国内附加值占这一时期中国货物贸易行业总产品出口国内附加值比重的均值最高，达到了 31.86%，纺织、服装和皮革制造业排在第二位，为 22.30%，其他行业总产品出口国内附加值占中国货物贸易行业总产品出口国内附加值的比重均未超过 10%。

上述事实说明了，虽然目前以纺织、服装和皮革制造业为代表的中国部分劳动密集型货物贸易行业总产品出口国内附加值占中国货物贸易行业总产品出口国内附加值的比重仍然较高，但中国资本和技术密集型货物贸易行业总产品出口国内附加值在中国货物贸易行业总产品出口国内附加值中的重要性却是在不断增强的。

第三节 中国货物贸易最终品出口国内附加值商品结构

本节在研究方法和测算指标上，基于第三章中的方程（3－17）和方程(3－18)，首先计算中国货物贸易行业最终品出口国内附加值，然后分别计算中国资本和技术密集型、劳动密集型货物贸易行业最终品出口国内附加值，以及二者分别占中国货物贸易行业最终品出口国内附加值的比重及其变化率。此后从中国不同要素密集型货物贸易行业最终品出口国内附加值额及其占比两个方面，具体分析中国货物贸易最终品出口国内附加值商品结构。

本节中所使用的数据同样来自世界投入产出数据库（WIOD）提供的国家间非竞争型投入产出表。

一、中国货物贸易最终品出口国内附加值额变化

图 4－10 反映了 1995～2014 年中国资本和技术密集型、劳动密集型货物贸易行业最终品出口国内附加值及二者比值的变化，从中可以发现：

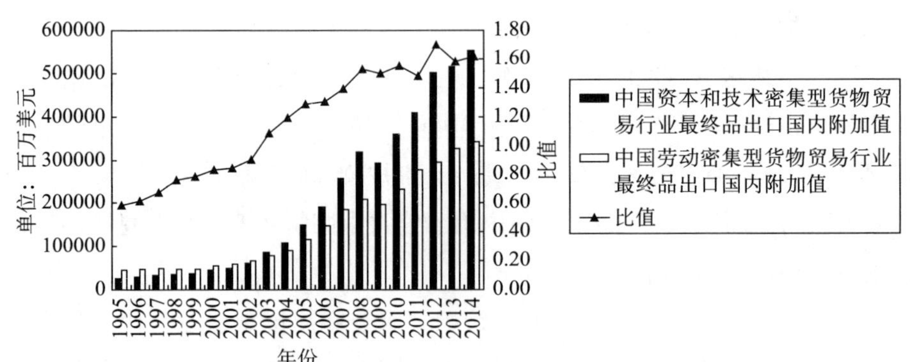

图 4－10 1995～2014 年中国不同要素密集型货物贸易行业最终品出口国内附加值与比值变化趋势

数据来源：根据 WIOD 数据库中的相关数据计算而得。

首先，二者在这一时期均呈现不断上升的变化趋势，中国资本和技术密集型货物贸易行业最终品出口国内附加值由1995年的265.41亿美元增加到2014年的5528.36亿美元，20年间增加了约19.83倍。中国劳动密集型货物贸易行业最终品出口国内附加值由1995年的452.44亿美元增加到2014年的3417.21亿美元，增加了约6.55倍。

其次，虽然二者的比值是在不断上升的，但1995～2002年，比值是小于1的。这说明，中国劳动密集型货物贸易行业最终品出口国内附加值要多于中国资本和技术密集型货物贸易行业最终品出口国内附加值。从2003年开始，中国资本和技术密集型货物贸易行业最终品出口国内附加值才逐渐超过中国劳动密集型货物贸易行业最终品出口国内附加值，二者的比值也超过1。

在图4－10的基础上，图4－11计算了1996～2014年中国不同要素密集型货物贸易行业最终品出口国内附加值的变化率，从中可发现以下四个特点：

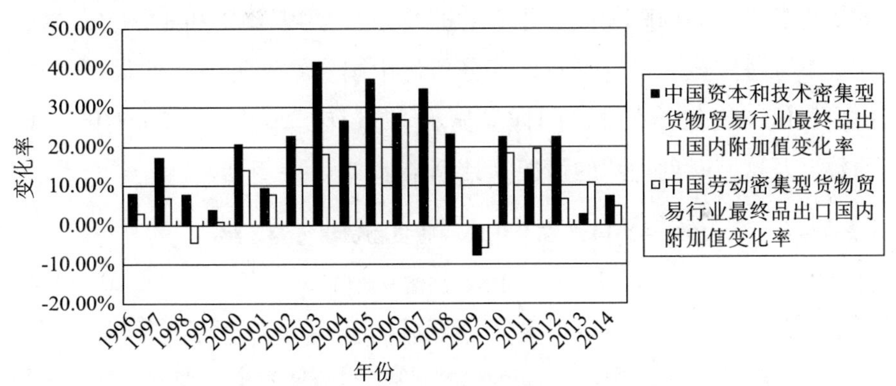

图4－11　1996～2014年中国不同要素密集型货物贸易行业最终品出口国内附加值变化率

数据来源：根据WIOD数据库中的相关数据计算而得。

第一，总体来看，中国资本和技术密集型、劳动密集型货物贸易行业最终品出口国内附加值的变化率在这一时期的大多数年份为正，且资本和技术密集型货物贸易行业最终品出口国内附加值的变化率要高于劳动密集型货物贸易行业最终品出口国内附加值的变化率。

第二，具体来看，中国资本和技术密集型货物贸易行业最终品出口国内附加值的变化率只在2009年为负，有3年的变化率在30%以上，年均变化率达到了18%；中国劳动密集型货物贸易行业最终品出口国内附加值的变化率在1998年和2009年为负，变化率最高时都在20%以下，年均变化率约为12%。这也说明了，相对于中国劳动密集型货物贸易行业最终品出口国内附加值，中国资本和技术密集型货物贸易行业最终品出口国内附加值的变化更快。

第三，从二者的波动幅度来看，中国资本和技术密集型货物贸易行业最终品出口国内附加值变化率的波动幅度高于中国劳动密集型货物贸易行业最终品出口国内附加值变化率的波动幅度。这说明，在这一时期内的不同年份中，中国资本和技术密集型货物贸易行业最终品出口国内附加值的变化程度更大。

第四，从二者波动幅度的极差来看，中国资本和技术密集型货物贸易行业最终品出口国内附加值变化率的极差分别为49.19%和32.93%。

接下来进一步分析这一时期部分年份中国货物贸易各行业最终品出口国内附加值的变化。在此，同样只显示1995年、2001年、2008年、2014年的数据及这一时期均值的情况，计算结果如表4-3所示。

表4-3　1995~2014年部分年份中国货物贸易行业最终品出口国内附加值及均值

单位：亿美元

行业	1995年	2001年	2008年	2014年	均值
农林牧渔业	25.74	18.01	49.90	79.67	41.32
采矿业	2.38	0.65	11.82	31.54	7.74
食品、饮料和烟草业	74.58	83.80	259.45	403.52	191.89
纺织、服装和皮革制造业	278.16	361.09	1350.74	2119.18	921.89
木材和木制品业	13.43	8.41	19.39	23.55	15.09
造纸和印刷业	8.06	6.27	12.93	23.37	11.39
焦炭、精炼石油和核燃料制造业	2.13	7.11	14.36	44.03	13.27
化学工业	13.46	23.74	129.15	154.64	77.41
橡胶和塑料制品业	23.87	36.61	122.24	138.95	78.36
其他非金属矿物制品业	16.26	20.25	34.96	67.55	31.11
金属和金属制品业	34.89	29.53	121.67	281.29	94.46

续表

行业	1995 年	2001 年	2008 年	2014 年	均值
未列入其他分类的机器设备制造业	29.21	72.56	562.00	960.55	335.08
电子和光学设备制造业	150.80	302.42	2000.71	3385.49	1260.83
运输设备制造业	11.06	23.61	227.64	563.40	171.51
回收业和其他未列入的制造业	33.82	88.93	340.43	668.83	234.75
电力、天然气和水的供应业	1.15	1.10	3.26	19.46	4.31

数据来源：根据 WIOD 数据库中的相关数据计算而得，精确到小数点后 2 位。

这一时期，中国货物贸易行业最终品出口国内附加值的变化表现出以下两个特点：

第一，从整体来看，中国货物贸易各行业最终品出口国内附加值均在不断增加。

第二，从均值来看，电子和光学设备制造业最终品出口国内附加值最高，其次为纺织、服装和皮革制造业，未列入其他分类的机器设备制造业排在第三位，电力、天然气和水的供应业、采矿业、造纸和印刷业等最终品出口国内附加值相对较低。

二、中国货物贸易最终品出口国内附加值占比变化

图 4－12 显示了 1995～2014 年中国不同要素密集型货物贸易行业最终品出口国内附加值占比的变化趋势。从中可以看出：

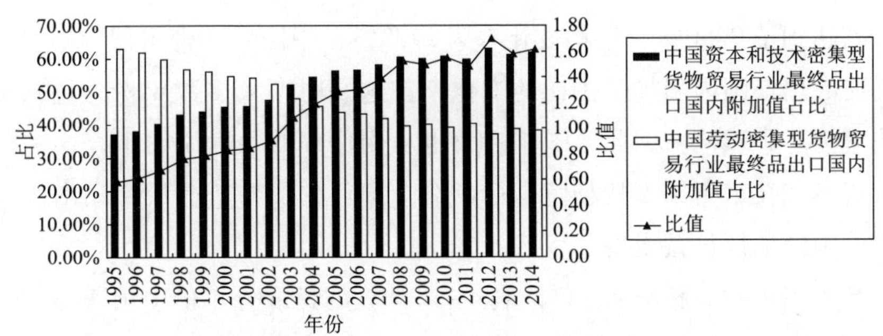

图 4－12 1995～2014 年中国不同要素密集型货物贸易行业最终品出口国内附加值占比与比值变化趋势

数据来源：根据 WIOD 数据库中的相关数据计算而得。

第一，这一时期，中国资本和技术密集型货物贸易行业最终品出口国内附加值占中国货物贸易行业最终品出口国内附加值的比重是在不断上升的，中国劳动密集型货物贸易行业最终品出口国内附加值占中国货物贸易行业最终品出口国内附加值比重总体上是在不断下降的。其中，资本和技术密集型货物贸易行业最终品出口国内附加值占中国货物贸易行业最终品出口国内附加值的比重由1995年的36.97%上升到2014年的61.80%，20年增加了约25个百分点，上升了约67.16%。

第二，1995~2002年，中国劳动密集型货物贸易行业最终品出口国内附加值占中国货物贸易行业最终品出口国内附加值的比重高于中国资本和技术密集型货物贸易行业最终品出口国内附加值占中国货物贸易行业最终品出口国内附加值的比重。2003年之后，中国资本和技术密集型货物贸易行业最终品出口国内附加值占比超过了中国劳动密集型货物贸易行业最终品出口国内附加值占比，且二者之间的差距总体上是在不断扩大的。这说明，在2002年以前，中国劳动密集型货物贸易行业在中国货物贸易行业最终品出口国内附加值中占有更为重要的地位，在2003年以后，中国资本和技术密集型货物贸易行业在中国最终品出口国内附加值中的重要性更强，且不断提高。

图4-13计算了1996~2014年中国不同要素密集型货物贸易行业最终品出口国内附加值占比的变化率。其中，中国资本和技术密集型货物贸易行业最终品出口国内附加值占比的变化率在这一时期只有3年为负，变化率最高达到了9.50%，年均变化率为2.78%；中国劳动密集型货物贸易行业最终品出口国内附加值占比的变化率在这一时期大多数年份为负，年均变化率为-2.55%。因此，图4-13也从变化率的角度说明了，这一时期中国资本和技术密集型货物贸易行业在中国货物贸易行业最终品出口国内附加值中的地位日益重要。

基于图4-12和图4-13，表4-4计算的是部分年份中国货物贸易各行业最终品出口国内附加值的比重及这一时期的均值情况，从中可以发现：

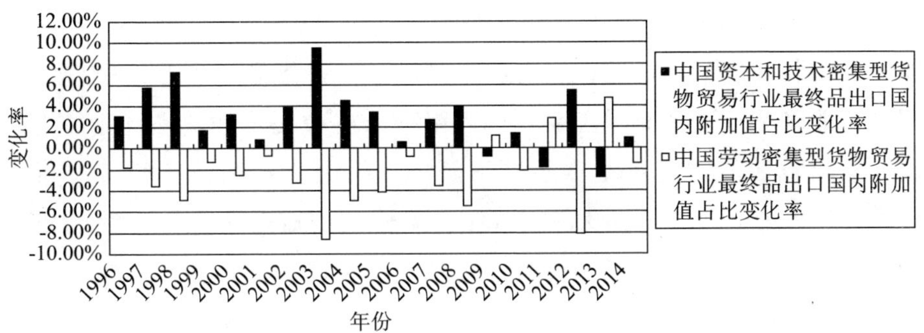

图 4－13 1996～2014 年中国不同要素密集型货物贸易行业最终品出口国内附加值占比变化率

数据来源：根据 WIOD 数据库中的相关数据计算而得。

表 4－4 1995～2014 年部分年份中国货物贸易行业最终品出口国内附加值比重及均值

单位：%

行业	1995 年	2001 年	2008 年	2014 年	均值
农林牧渔业	3. 580	1. 661	0. 949	0. 889	1. 541
采矿业	0. 331	0. 060	0. 225	0. 352	0. 182
食品、饮料和烟草业	10. 373	7. 730	4. 932	4. 501	6. 885
纺织、服装和皮革制造业	38. 688	33. 308	25. 676	23. 638	29. 823
木材和木制品业	1. 868	0. 776	0. 369	0. 263	0. 764
造纸和印刷业	1. 121	0. 578	0. 246	0. 261	0. 542
焦炭、精炼石油和核燃料制造业	0. 297	0. 656	0. 273	0. 491	0. 413
化学工业	1. 872	2. 190	2. 455	1. 725	2. 364
橡胶和塑料制品业	3. 319	3. 377	2. 324	1. 550	2. 835
其他非金属矿物制品业	2. 261	1. 867	0. 664	0. 753	1. 384
金属和金属制品业	4. 852	2. 724	2. 313	3. 138	3. 026
未列入其他分类的机器设备制造业	4. 062	6. 693	10. 683	10. 714	7. 968
电子和光学设备制造业	20. 973	27. 897	38. 032	37. 763	32. 059
运输设备制造业	1. 538	2. 178	4. 327	6. 284	3. 563
回收业和其他未列入的制造业	4. 704	8. 203	6. 471	7. 460	6. 538
电力、天然气和水的供应业	0. 160	0. 101	0. 062	0. 217	0. 113

数据来源：根据 WIOD 数据库中的相关数据计算而得，精确到小数点后 3 位。

第一，这一时期，传统意义上的中国劳动密集型行业（农林牧渔业、纺织、服装和皮革制造业，木材和木制品业，造纸和印刷业）和资源密集型行业（采矿业）最终品出口国内附加值占中国货物贸易行业最终品出口国内附加值的比重是在不断下降的，中国资本和技术密集型行业（化学工业、电子和光学设备制造业、运输设备制造业等）最终品出口国内附加值占中国货物贸易行业最终品出口国内附加值的比重是在不断上升的。

第二，这一时期，电子和光学设备制造业最终品出口国内附加值占中国货物贸易行业最终品出口国内附加值的比重的均值最高，达到了32.06%，纺织、服装和皮革制造业排在第二位，达到了29.82%，未列入其他分类的机器设备制造业排在第三位（7.97%），食品、饮料和烟草业排在第四位（6.89%），回收业和其他未列入的制造业排在第五位（6.54%），其他各货物贸易行业最终品出口国内附加值占中国货物贸易行业最终品出口国内附加值的比重均未超过5%。

上述情况说明，虽然目前以纺织、服装和皮革制造业，食品、饮料和烟草业为代表的部分劳动密集型行业在中国货物贸易行业最终品出口国内附加值中的比重仍然较高，但以电子和光学设备制造业为代表的资本、技术密集型货物贸易行业最终品出口国内附加值在中国货物贸易行业最终品出口国内附加值中的重要性却越来越强。

第四节　中国货物贸易中间品出口国内附加值商品结构

参照以上章节，本节也将从总量和比重两个方面，对1995～2014年中国货物贸易行业中间品出口国内附加值商品结构的变化趋势进行分析。

一、中国货物贸易中间品出口国内附加值额变化

图4－14计算了1995～2014年中国不同要素密集型货物贸易行业中间品出口国内附加值的变化趋势，其具有以下三个特点：

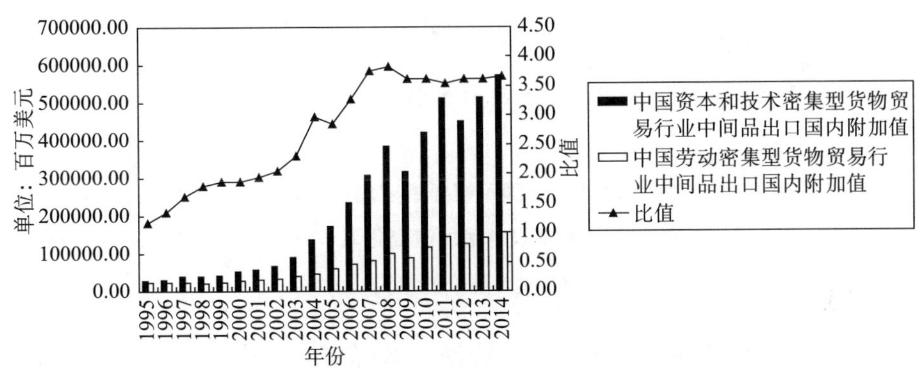

图4－14　1995～2014年中国不同要素密集型货物贸易行业中间品出口国内附加值与比值变化趋势

数据来源：根据WIOD数据库中的相关数据计算而得。

第一，这一时期，中国资本和技术密集型、劳动密集型货物贸易行业中间品出口国内附加值均呈不断增加的变化趋势。中国资本和技术密集型货物贸易行业中间品出口国内附加值由1995年的270.44亿美元增加到2014年的5731.24亿美元，增加了20.19倍；中国劳动密集型货物贸易行业中间品出口国内附加值由1995年的233.11亿美元增加到2014年的1561.72亿美元，增加了5.70倍。

第二，中国资本和技术密集型货物贸易行业中间品出口国内附加值与中国劳动密集型货物贸易行业中间品出口国内附加值的比值总体上是在不断上升的，这说明二者在中国货物贸易行业中间品出口国内附加值上的差距是在不断扩大的。

第三，从1995年开始，中国资本和技术密集型货物贸易行业中间品出口国内附加值大于中国劳动密集型货物贸易行业中间品出口国内附加值。

图4－15是1996～2014年中国不同要素密集型货物贸易行业中间品出

口国内附加值变化率的变动趋势，从中可以发现以下四个变化特点：

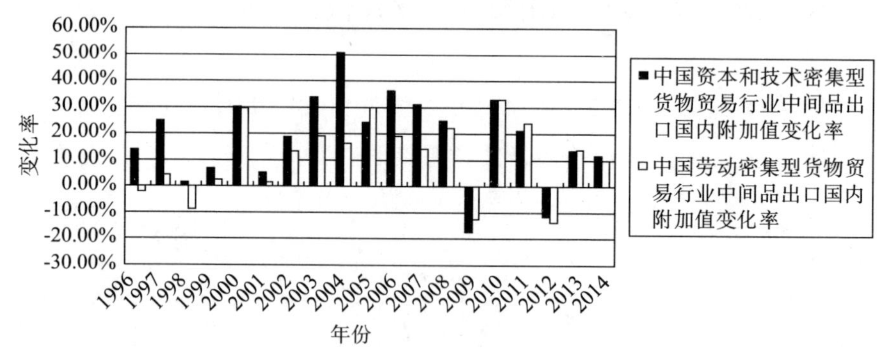

图4－15 1996～2014年中国不同要素密集型货物贸易行业中间品出口国内附加值变化率

数据来源：根据WIOD数据库中的相关数据计算而得。

首先，中国资本和技术密集型货物贸易行业中间品出口国内附加值的变化率在这一时期的大多数年份为正，19年中只有2年的变化率为负，年均变化率为18.64%；中国劳动密集型货物贸易行业中间品出口国内附加值的变化率虽然同样在大多数年份为正，19年中有4年为负，年均变化率为11.41%。这说明，这一时期中国资本和技术密集型货物贸易行业中间品出口国内附加值的变化幅度高于中国劳动密集型货物贸易行业中间品出口国内附加值的变化幅度。

其次，中国资本和技术密集型货物贸易行业中间品出口国内附加值变化率的变化幅度更大，最高值和最低值相差68.28%；中国劳动密集型货物贸易行业中间品出口国内附加值变化率的变化幅度的最高值和最低值相差43.50%。这说明，中国资本和技术密集型货物贸易行业中间品出口国内附加值的变化更易受到内外部各种因素的影响。

再次，中国资本和技术密集型货物贸易行业中间品出口国内附加值的波动幅度大于中国劳动密集型货物贸易行业中间品出口国内附加值的波动幅度。

最后，中国不同要素密集型货物贸易行业中间品出口国内附加值变化率的极差与中国不同要素密集型货物贸易行业最终品出口国内附加值变化率的极差相比，中国不同要素密集型货物贸易行业中间品出口国内附加值的极差更大。这说明，相对于中国资本和技术密集型货物贸易行业最终品出口国内附加值的变化率而言，中国资本和技术密集型货物贸易行业中间品出口国内附加值的变化率的波动幅度更大。

表 4－5 计算了 1995～2014 年部分年份中国货物贸易行业中间品出口国内附加值及均值，其表现特点如下：

表 4－5　　1995～2014 年部分年份中国货物贸易行业中间品出口国内附加值及均值

单位：亿美元

行业	1995 年	2001 年	2008 年	2014 年	均值
农林牧渔业	37.90	25.25	50.18	51.76	41.92
采矿业	33.65	55.73	91.34	80.36	59.17
食品、饮料和烟草业	7.89	11.11	40.51	99.37	31.66
纺织、服装和皮革制造业	110.08	133.60	481.77	564.95	308.26
木材和木制品业	11.13	10.78	58.70	136.14	43.27
造纸和印刷业	8.83	15.98	36.62	116.20	35.56
焦炭、精炼石油和核燃料制造业	5.83	18.87	53.52	168.74	46.94
化学工业	16.86	82.49	484.83	810.36	292.03
橡胶和塑料制品业	32.15	51.88	224.49	356.59	152.22
其他非金属矿物制品业	17.79	26.53	119.24	335.24	98.54
金属和金属制品业	76.54	116.72	755.72	1095.86	413.28
未列入其他分类的机器设备制造业	14.07	27.91	306.02	594.97	180.61
电子和光学设备制造业	113.35	245.29	1723.92	2311.66	996.27
运输设备制造业	11.63	31.25	288.83	393.07	154.10
回收业和其他未列入的制造业	5.85	15.73	122.40	177.70	70.36
电力、天然气和水的供应业	2.83	3.49	8.83	22.51	7.60

数据来源：根据 WIOD 数据库中的相关数据计算而得，精确到小数点后 2 位。

第一，总体来看，中国货物贸易各行业中间品出口国内附加值在这一时期均表现出逐年增加的变化趋势，这与中国不同要素密集型货物贸易行业中间品出口国内附加值的变化趋势相吻合。

第二，从中国货物贸易各行业中间品出口国内附加值的均值情况来看，电子和光学设备制造业、金属和金属制品业、纺织、服装和皮革制造业三个行业在全部16个货物贸易行业中排在前三位，电力、天然气和水的供应业、食品、饮料和烟草业、造纸和印刷业三个行业排在后三位。

第三，对比表4－3和表4－5可以发现，平均而言，在全部16个货物贸易行业中，食品、饮料和烟草业、纺织、服装和皮革制造业、未列入其他分类的机器设备制造业、电子和光学设备制造业、运输设备制造业、回收业和其他未列入的制造业6个行业最终品出口国内附加值大于中间品出口国内附加值，其余10个行业则中间品出口国内附加值大于最终品出口国内附加值。

二、中国货物贸易中间品出口国内附加值占比变化

图4－16是1995～2014年中国不同要素密集型货物贸易行业中间品出口国内附加值占比与比值的变化，从中可以发现如下特点：

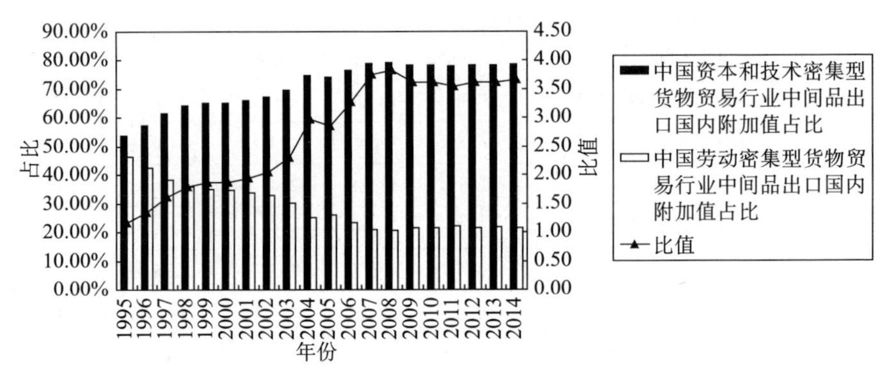

图4－16　1995～2014年中国不同要素密集型货物贸易行业中间品出口国内附加值占比与比值变化趋势

数据来源：根据WIOD数据库中的相关数据计算而得。

第一，总体来看，这一时期，中国资本和技术密集型货物贸易行业中间品出口国内附加值占中国货物贸易行业中间品出口国内附加值的比重始终高于中国劳动密集型货物贸易行业中间品出口国内附加值占中国货物贸易行业中间品出口国内附加值的比重，并且这一差距具有持续扩大的趋势。这一趋势从中国资本和技术密集型、劳动密集型货物贸易行业中间品出

口国内附加值占中国货物贸易行业中间品出口国内附加值的比重之比上表现得更为明显，二者的比值由 1995 年的 1.16 上升到 2014 年的 3.69。这也进一步说明了，在这一时期中国资本和技术密集型货物贸易行业中间品出口国内附加值在中国货物贸易行业中间品出口国内附加值中重要性在不断增强。

第二，分别来看，中国资本和技术密集型货物贸易行业中间品出口国内附加值占中国货物贸易行业中间品出口国内附加值的比重由 1995 年的 53.71% 上升到 2014 年的 78.59%，20 年上升了约 25 个百分点，上升了约 46.32%；中国劳动密集型货物贸易行业中间品出口国内附加值在中国货物贸易行业中间品出口国内附加值中的比重则由 1995 年的 46.29% 下降到 2014 年的 21.41%，下降了 21 个百分点以上。

从图 4－17 可以看出，在大多数年份，中国资本和技术密集型货物贸易行业中间品出口国内附加值占比的变化率为正，在 19 年间只有 3 年为负，跌幅也在 5% 以下，变化率最高的年份达到了 7.48%。相比之下，中国劳动密集型货物贸易行业中间品出口国内附加值占比的变化率在大多数年份为负，在变化率最低的年份，与前一年相比，跌幅达到了 17.08%，变化率最高的年份，与前一年相比，也仅增长了 4.58%。因此，从变化率的角度也进一步证明了，在这一时期，中国资本和技术密集型货物贸易行业中间品出口国内附加值的占比不断提高和在中国货物贸易行业中间品出口国内附加值中的作用日渐增强的事实。

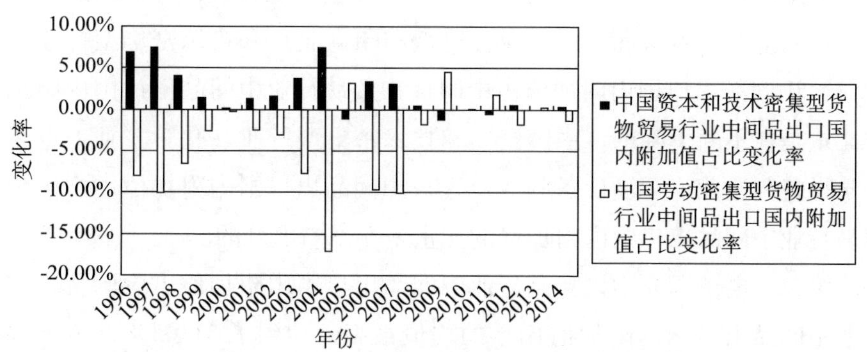

图 4－17　1996～2014 年中国不同要素密集型货物贸易行业中间品出口国内附加值占比变化率

数据来源：根据 WIOD 数据库中的相关数据计算而得。

基于图4-16和图4-17，表4-6显示了1995~2014年部分年份中国货物贸易各行业中间品出口国内附加值比重及这一时期的均值情况。从中可以看出：

表4-6　1995~2014年部分年份中国货物贸易行业中间品出口国内附加值比重及均值

单位：%

行业	1995年	2001年	2008年	2014年	均值
农林牧渔业	7.484	2.893	1.035	0.708	2.634
采矿业	6.645	6.386	1.884	1.099	3.480
食品、饮料和烟草业	1.558	1.273	0.836	1.358	1.110
纺织、服装和皮革制造业	21.739	15.310	9.940	7.723	13.382
木材和木制品业	2.197	1.235	1.211	1.861	1.430
造纸和印刷业	1.743	1.831	0.756	1.588	1.372
焦炭、精炼石油和核燃料制造业	1.152	2.162	1.104	2.307	1.614
化学工业	3.329	9.453	10.003	11.077	9.220
橡胶和塑料制品业	6.348	5.946	4.632	4.874	5.547
其他非金属矿物制品业	3.513	3.040	2.460	4.583	3.250
金属和金属制品业	15.116	13.376	15.592	14.980	14.424
未列入其他分类的机器设备制造业	2.779	3.199	6.314	8.133	4.698
电子和光学设备制造业	22.385	28.110	35.567	31.600	31.033
运输设备制造业	2.298	3.582	5.959	5.373	4.436
回收业和其他未列入的制造业	1.156	1.802	2.525	2.429	2.039
电力、天然气和水的供应业	0.559	0.400	0.182	0.308	0.331

数据来源：根据WIOD数据库中的相关数据计算而得，精确到小数点后3位。

第一，传统意义上的中国劳动密集型行业（农林牧渔业，纺织、服装和皮革制造业，木材和木制品业，造纸和印刷业）和资源密集型行业（采矿业）中间品出口国内附加值占中国货物贸易行业中间品出口国内附加值的比重是在不断下降的，中国资本和技术密集型行业（化学工业、电子和光学设备制造业、运输设备制造业等）中间品出口国内附加值占中国货物贸易行业中间品出口国内附加值的比重是在不断上升的。

第二，电子和光学设备制造业中间品出口国内附加值占中国货物贸易行业中间品出口国内附加值比重的均值最高，达到了31.03%；金属和金属制品业排在第二位，为14.42%；纺织、服装和皮革制造业排在第三位，为13.38%；未列入其他分类的机器设备制造业排在第四位（7.97%），化学工业排在第五位（9.22%），橡胶和塑料制品业排在第六位（5.55%）；

其他各行业中间品出口国内附加值占中国货物贸易行业中间品出口国内附加值的比重均未超过5%。

上述情况说明了，虽然目前以纺织、服装和皮革制造业为代表的部分劳动密集型行业在中国货物贸易行业中间品出口国内附加值中的比重仍然较高，但以电子和光学设备制造业为代表的资本和技术密集型货物贸易行业中间品出口国内附加值在中国货物贸易行业中间品出口国内附加值中的重要性同样是在不断增强的。

第五节 中国货物贸易出口国内附加值商品结构变化指数

根据方程（3－19），本节接下来继续计算1996～2014年中国货物贸易出口国内附加值商品结构变化指数，在此，$\left(\frac{DVA_i}{DVA}\right)_t$ 为第 t 年的货物贸易行业出口国内附加值商品结构，计算结果如图4－18所示。

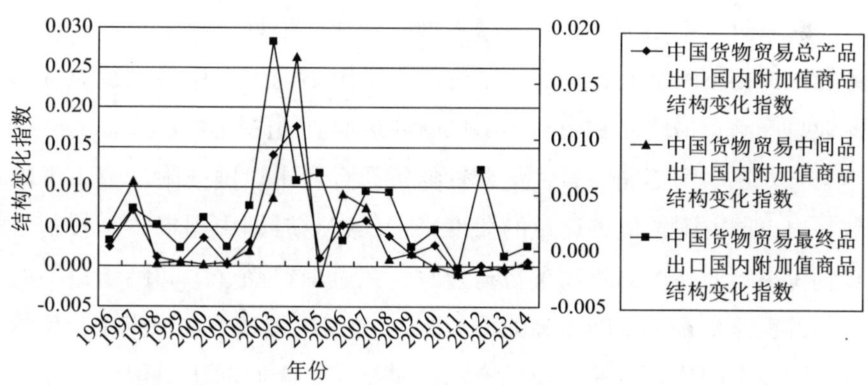

图4－18 1996～2014年中国货物贸易出口国内附加值商品结构变化指数变动趋势

数据来源：根据WIOD数据库中的相关数据计算而得。

图 4 - 18 显示了 1996 ~ 2014 年中国货物贸易总产品、最终品和中间品出口国内附加值商品结构变化指数的变化趋势，从中可以发现：

第一，这一时期，中国货物贸易总产品、最终品和中间品出口国内附加值商品结构变化指数的变化趋势均为正。这说明，这一时期中国货物贸易出口国内附加值商品结构趋于优化。

第二，总体来看，这一时期中国货物贸易中间品出口国内附加值商品结构变化指数的变动幅度大于中国货物贸易总产品和最终品出口国内附加值商品结构变化指数的变动幅度。这说明，相对而言，这一时期中国货物贸易中间品出口国内附加值商品结构的优化程度更高。

本章小结

本节主要从中国货物贸易总产品、最终品和中间品出口国内附加值商品结构及其变化指数这几个方面，对中国货物贸易出口国内附加值商品结构的变化趋势进行了分析，分析后所得到的主要结论如下：

第一，从中国不同要素密集型货物贸易行业出口国内附加值额的角度来看，这一时期中国资本和技术密集型、劳动密集型货物贸易行业出口国内附加值均在不断上升，且这一结论对于中国不同要素密集型行业货物贸易行业总产品、最终品和中间品出口国内附加值额同样适用。

第二，从中国不同要素密集型货物贸易行业出口国内附加值占中国货物贸易出口国内附加值的比重的角度来看，这一时期中国资本和技术密集型货物贸易行业在中国货物贸易行业总产品、最终品、中间品出口国内附加值中的占比均是在不断提高的，到 2014 年，中国资本和技术密集型货物贸易行业在中国货物贸易行业总产品、最终品、中间品出口国内附加值中的比重均高于 50%。因此，可以说，无论是中国货物贸易行业总产品，还是最终品和中间品出口国内附加值，中国资本和技术密集型货物贸易行业均占有主导地位。

第三，从中国货物贸易行业出口国内附加值的产品来源上看，其主要来自最终品出口。但从中国不同要素密集型货物贸易行业的角度来看，中国资本和技术密集型货物贸易行业中间品出口国内附加值对中国货物贸易行业出口国内附加值的贡献程度最大。

第四，从中国货物贸易行业最终品和中间品出口国内附加值在出口国内附加值商品结构的差异上看，中国资本和技术密集型货物贸易行业中间品出口国内附加值占比高于最终品出口国内附加值占比，这说明中国资本和技术密集型货物贸易行业在中国货物贸易行业中间品出口国内附加值中的作用大于其在最终品出口国内附加值中的作用。

第五，从波动幅度上看，首先，无论是在中国货物贸易行业总产品出口国内附加值，还是在中国货物贸易行业最终品或是中间品出口国内附加值，均表现为资本和技术密集型货物贸易行业出口国内附加值的波动幅度大于劳动密集型货物贸易行业出口国内附加值的波动幅度；其次，中国资本和技术密集型货物贸易行业中间品出口国内附加值的波动幅度大于中国资本和技术密集型货物贸易行业最终品出口国内附加值的波动幅度。

第六，在报告期内，自 2003 年起，中国资本和技术密集型货物贸易行业在中国货物贸易行业最终品出口国内附加值中的占比开始超过中国劳动密集型货物贸易行业在中国货物贸易行业最终品出口中的占比。与之对应的是，在中国货物贸易行业中间品出口国内附加值中，资本和技术密集型货物贸易行业占比在报告期内始终高于劳动密集型货物贸易行业占比。

第七，从结构变化指数来看，无论是中国货物贸易行业总产品还是最终品或中间品出口国内附加值商品结构均是在不断优化的，且中间品出口国内附加值商品结构变化指数的变动幅度不仅大于最终品出口国内附加值商品结构变化指数的变动幅度，而且大于中国货物贸易行业总产品出口国内附加值商品结构变化指数的变动幅度。

第五章

中国服务贸易出口国内附加值商品结构分析

在本章，将从绝对量或总量（中国服务贸易出口国内附加值）和比重（中国资本和技术密集型服务贸易行业出口国内附加值占中国服务贸易出口国内附加值的比重）两个方面，对中国服务贸易及其总产品、最终品、中间品出口国内附加值商品结构的变化情况进行系统、深入的分析，并采用结构变化指数，认真分析中国服务贸易出口国内附加值商品结构的优化程度。

在本章的结构安排上，第一节，中国服务贸易出口商品结构变化分析，基于中国服务贸易总量数据统计，分析中国服务贸易出口商品结构；第二节，中国服务贸易总产品出口国内附加值商品结构变化分析，主要分析中国服务贸易总产品（包括中间品和最终品）出口国内附加值商品结构的变化；第四节和第五节在第三节的基础上，分别分析对中国服务贸易中的最终品和中间品出口国内附加值商品结构的变化趋势；第六节，采用结构变化指数来分析本文所选定时期的中国服务贸易出口国内附加值商品结构的优化程度；最后对本章研究内容做一小结。

第一节　中国服务贸易出口商品结构

本节首先从静态指标和动态指标两个方面，利用中国不同要素密集型服务贸易行业出口额和中国不同要素密集型服务贸易行业出口占中国服务贸易出口的比重两个指标，简要分析 1990～2017 年中国服务贸易出口商品结构的变化与特点，之后采用结构变化指数分析这一时期中国服务贸易出口商品结构的变化及其结构优化程度。

一、中国服务贸易出口额变化

1990～2017 年中国资本和技术密集型、劳动密集型服务贸易行业出口额及二者比值的变化见图 5－1，从中可以发现：

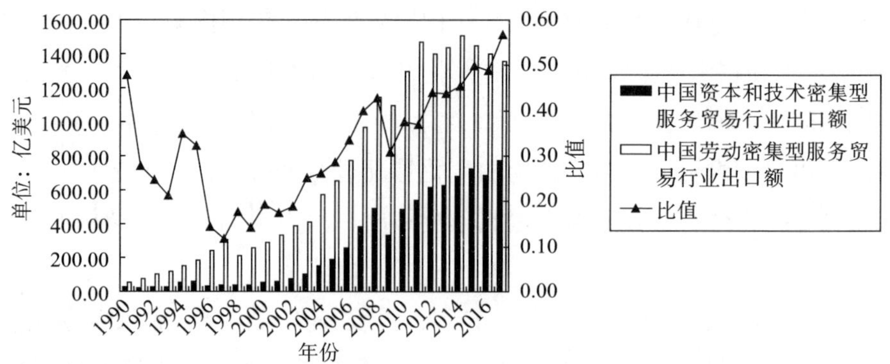

图 5-1 1990~2017 年中国不同要素密集型服务贸易行业出口额与比值变化趋势

数据来源：根据历年中国国际收支平衡表（BPM6）中的相关数据计算而得。

第一，这一时期，二者均呈显著上升趋势。其中，中国资本和技术密集型服务贸易出口额由 1990 年的 26.12 亿美元增加到 2017 年的 772.11 亿美元，28 年间增加了约 28.56 倍；中国劳动密集型服务贸易出口额由 1990 年的 54.53 亿美元增加到 2017 年的 1358.53 亿美元，28 年间增加了约 25.91 倍。

第二，同期，中国资本和技术密集型服务贸易行业出口额与中国劳动密集型服务贸易行业出口额之比呈现出先下降后上升的变化趋势。1990~1997 年，二者的比值总体上呈现出下降趋势，至 1998 年下降到这一时期的最低点 0.1167，此后整体呈上升趋势，到 2017 年上升到这一时期的最高点 0.5683。但总体来看，这一时期二者比值仍低于 1。这说明，基于总量数据统计的中国资本和技术密集型服务贸易行业出口额低于中国劳动密集型服务贸易行业出口额。

1991~2017 年中国不同要素密集型服务贸易行业出口额的变化率见图 5-2，从中可以看到：

第一，这一时期，无论是中国资本和技术密集型还是劳动密集型服务贸易行业出口额的变化率均值均为正。中国资本和技术密集型服务贸易行业出口额变化率的均值为 16.83%，高于中国劳动密集型服务贸易行业出口额年均 13.79% 的变化率。这说明，在这一时期，中国资本和技术密集型服务贸易行业出口增长较快。

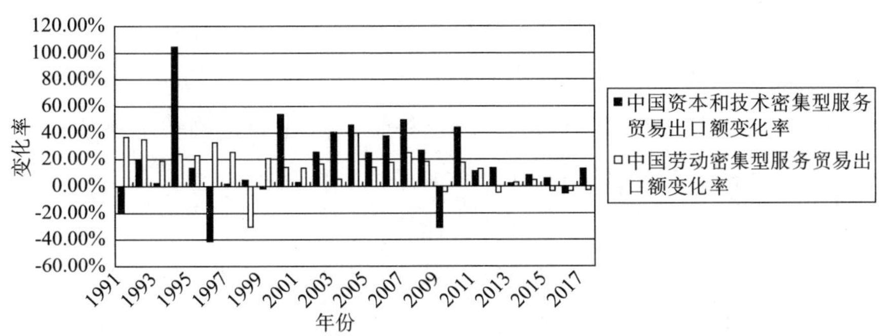

图 5－2 1991～2017 年中国不同要素密集型服务贸易行业出口额变化率

数据来源：根据历年中国国际收支平衡表（BPM6）中的相关数据计算而得。

第二，中国资本和技术密集型服务贸易行业出口额变化率的波动幅度高于中国劳动密集型服务贸易行业出口额变化率的波动幅度，这一点在二者的极差上表现得更为明显，中国资本和技术密集型服务贸易行业出口额变化率的极差达到了 145.58%，中国劳动密集型服务贸易行业出口额变化率的极差为 67.46%。

二、中国服务贸易出口占比变化

图 5－3 是 1990～2017 年中国不同要素密集型服务贸易行业出口比重与二者比值的变化趋势，从中可以发现：

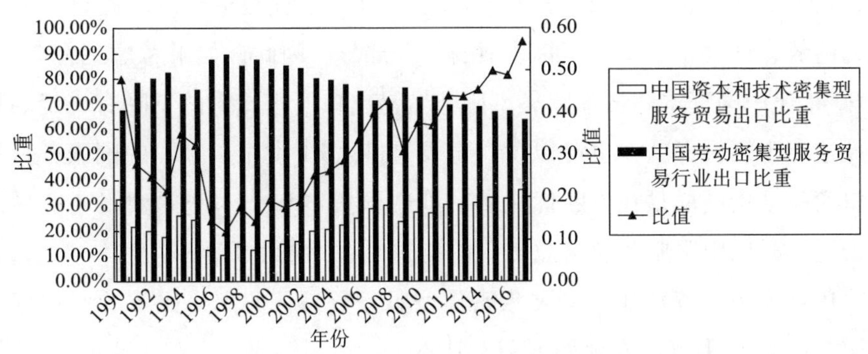

图 5－3 1990～2017 年中国不同要素密集型服务贸易行业出口比重与比值变化趋势

数据来源：根据历年中国国际收支平衡表（BPM6）中的相关数据计算而得。

首先，这一时期，中国资本和技术密集型服务贸易行业出口占中国服务贸易总出口的比重虽然从总体上看有所上升，即由1990年的32.39%上升到2017年的36.24%，上升了约11.89%，但在变化趋势上则表现出了一个“U”形的变化趋势，即中国资本和技术密集型服务贸易出口占中国服务贸易总出口的比重是先下降后上升的。

其次，与第四章中的中国货物贸易出口相比较，可以发现，在这一时期，中国资本和技术密集型服务贸易行业出口占比的增幅并不明显，并且表现出了更为复杂的“U”形变化趋势。

上述两个特点出现的原因可能是：一是20世纪90年代，由于中国改革开放刚刚开始，与世界经济接轨不久，世界各国和地区对中国服务贸易出口的限制较多，加之当时中国服务贸易发展相对落后，因而中国资本、技术密集型服务贸易出口较少；二是由于在改革开放初期，中国服务贸易出口主要集中在旅游、运输、其他商业服务等服务项目上，世界各国和地区对中国上述服务贸易项目的出口限制较少，中国充分利用了当时的比较优势，大量出口上述三类服务。这两方面原因导致了在1990年后中国资本、技术密集型服务贸易出口占中国服务贸易总出口的比重不断下降的情况，即处于“U”形曲线中下降的部分。进入21世纪之后，随着中国服务业技术水平的提高和中国加入WTO后世界各国和地区对中国服务贸易出口，特别是资本和技术密集型服务贸易出口的限制趋于减少，导致了此后中国资本和技术密集型服务贸易出口占中国服务贸易总出口的比重总体呈上升趋势，即处于“U”形曲线中的上升部分。因此，如果考虑到在20世纪90年代中国资本和技术密集型服务贸易出口所占比重的下降有一定的特殊性这一事实，那么，也可以说，至少是进入21世纪以来，中国服务贸易出口商品结构同样是在不断优化的，即中国资本和技术密集型服务贸易出口占这一时期中国服务贸易总出口的比重是在不断上升的。

1991～2017年中国不同要素密集型服务贸易行业出口比重的变化情况见图5－4，从中可以发现如下两个特点：

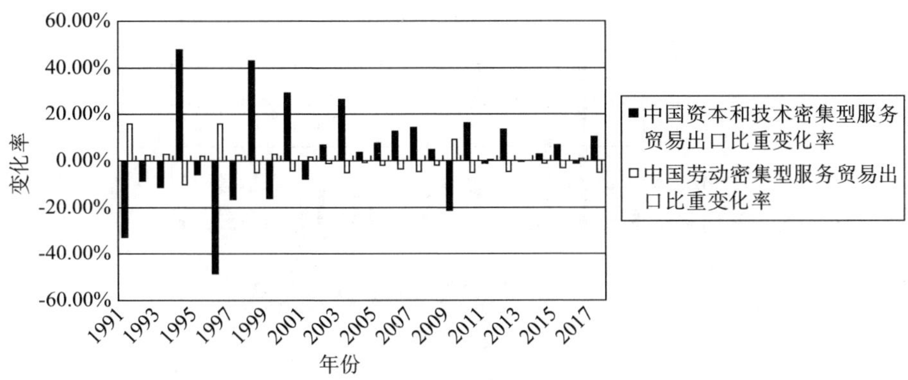

图 5－4 1991～2017 年中国不同要素密集型服务贸易行业出口比重变化率

数据来源：根据历年中国国际收支平衡表（BPM6）中的相关数据计算而得。

第一，从中国资本和技术密集型服务贸易行业出口所占比重的变化来看，27 年间有 12 年的变化率为负，有 9 年的变化率在 10% 以上，27 年间的年均变化率约为 2.63%；从中国劳动密集型服务贸易行业出口所占比重的变化来看，27 年间有 10 年的变化率为正，仅有 2 年的变化率在 10% 以上，27 年间的年均变化率为 －0.055%。上述事实说明了，这一时期中国资本和技术密集型服务贸易行业出口占比增长得较快。

第二，从这一时期中国不同要素密集型服务贸易行业出口比重变化率的波动幅度来看，中国资本和技术密集型服务贸易行业占比最高年份的变化率为 47.59%，最低年份的变化率为 －48.65%，二者相差了 96 个百分点以上；中国劳动密集型服务贸易行业出口占比最高和最低年份的变化率相差了 26 个百分点左右。这说明，这一时期中国资本和技术密集型服务贸易行业出口占比的波动幅度更大。

三、中国服务贸易出口商品结构变化指数

基于第三章中的方程（3－1），本部分计算了中国服务贸易出口商品结构变化指数[127]，计算结果如图 5－5 所示。

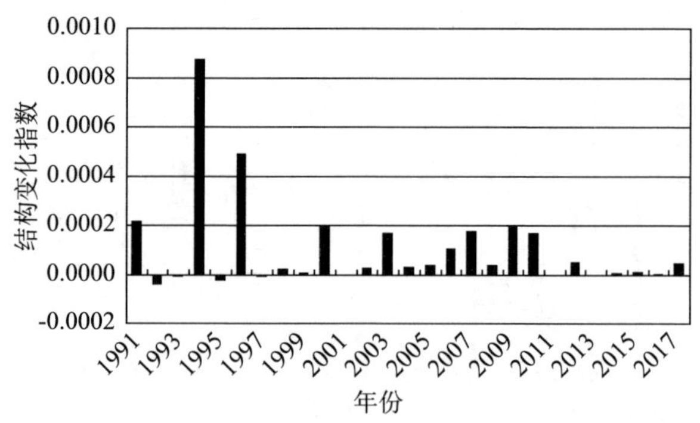

图 5 – 5　1991 ~ 2017 年中国服务贸易出口商品结构变化指数

数据来源：根据历年中国国际收支平衡表（BPM6）中的相关数据计算而得。

第一，在这一时期的大多数年份，中国服务贸易行业出口商品结构变化指数为正，这说明这一时期中国服务贸易出口商品结构总体上是在不断优化的。

第二，这一时期，中国服务贸易出口商品结构变化指数的变动幅度并不大，如结构变化指数值最高的 1992 年也只有 0.00087，这说明中国服务贸易出口商品结构优化幅度较小。

第三，对比图 4 – 5 和图 5 – 5，即比较这一时期中国货物贸易和服务贸易出口商品结构变化指数可以发现，中国货物贸易出口商品结构的优化程度高于中国服务贸易出口商品结构的优化程度。

第二节　中国服务贸易总产品出口国内附加值商品结构

关于研究方法和测算指标，前已述及，这里不再赘述。根据第三章中的方程（3 – 17）和方程（3 – 18），本节首先计算中国服务贸易总产品出口国内附加值；然后在此基础上，计算中国资本和技术密集型、劳动密集型服务贸易行业总产品出口国内附加值及其占中国服务贸易行业总产品出口国内附加值的比重。计算出来的数据，一方面将用于分析中国服务贸易总产品出口国内附加值商品结构，另一方面将为第六章进行的实证研究提供数据支撑。

另外，本节中所使用的数据均来自世界投入产出数据库（WIOD）提供的国家间非竞争型投入产出表[128][129]。

一、中国服务贸易总产品出口国内附加值额变化

本部分将从中国不同要素密集型服务贸易行业总产品出口国内附加值额及其变化率两个方面，来分析中国服务贸易总产品出口国内附加值商品结构。

图 5 - 6 计算的是 1995 ~ 2014 年中国不同要素密集型服务贸易行业总产品出口国内附加值的变化趋势，从中可以看到：

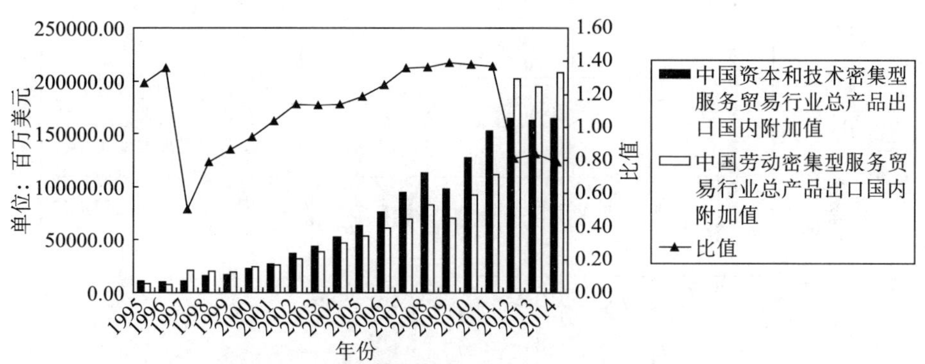

图 5 - 6　1995 ~ 2014 年中国不同要素密集型服务贸易行业总产品出口国内附加值与比值变化趋势

数据来源：根据 WIOD 数据库中的相关数据计算而得。

第一，这一时期，中国资本和技术密集型、劳动密集型服务贸易行业总产品出口国内附加值均在不断增加。其中，中国资本和技术密集型服务贸易行业总产品出口国内附加值由 1995 年的 105. 77 亿美元增加到 2014 年的 1647. 44 亿美元，20 年间增加了约 14. 58 倍；中国劳动密集型服务贸易

行业总产品出口国内附加值由 1995 年的 83.39 亿美元增加到 2014 年的 2082.62 亿美元，20 年间增加了约 23.97 倍。由此可见，这一时期中国劳动密集型服务贸易行业总产品出口国内附加值增加得更多。

第二，在报告期内，中国资本和技术密集型服务贸易行业总产品出口国内附加值与中国劳动密集型服务贸易行业总产品出口国内附加值的比值经历了“上升—下降—再上升—再下降”的变化趋势，二者之比的最高值为 1.39（2009 年），此后逐年下降，到 2014 年，二者之比仅为 0.62，不及 2009 年最高值的一半。考虑到二者比值的最高点出现在 2009 年，而 2008 年至 2009 年存在“贸易大崩溃”现象，因此从比值角度反映出来的变化，可能也说明了，相对于中国劳动密集型服务贸易行业总产品出口国内附加值而言，中国资本和技术密集型服务贸易行业总产品出口国内附加值更易受到国际市场的影响。

1996 ~ 2014 年中国不同要素密集型服务贸易行业总产品出口国内附加值的变化率见图 5 – 7，由图可见：

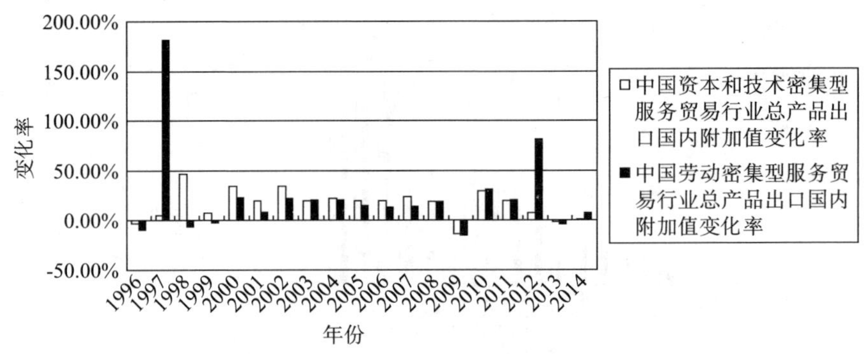

图 5 – 7　1996 ~ 2014 年中国不同要素密集型服务贸易行业总产品出口国内附加值变化率

数据来源：根据 WIOD 数据库中的相关数据计算而得。

第一，从中国资本和技术密集型服务贸易行业总产品出口国内附加值变化来看，在 19 年中有 3 年的变化率为负（1996 年、2009 年、2013 年），其余年份的增长率均为正，有 12 年的增长率在 10% 以上，其中有 8 年的增长率在 20% 以上，最高年份的增长率达到了 46.21%（1998 年），年均增长率达到了16.46%，从变化率的最高值与最低值的差来看，二者相差了59.47个百分点。

第二，从中国劳动密集型服务贸易行业总产品出口国内附加值变化来看，在19年中，有6年的变化率为负，年均变化率为17.13%，最高年份的变化率为181.07%（1997年），最低年份的变化率为-99.99%（2014年），二者相差了281个百分点。

第三，通过前两点的分析，可以发现，从中国不同要素密集型服务贸易行业总产品出口国内附加值变化率的角度来看，一是总体来看中国劳动密集型服务贸易行业总产品出口国内附加值的变化率高于中国资本和技术密集型服务贸易行业总产品出口国内附加值的变化率；二是在波动幅度上，同样表现为中国劳动密集型服务贸易行业总产品出口国内附加值变化率的波动幅度大于中国资本和技术密集型服务贸易行业总产品出口国内附加值变化率的波动幅度。

接下来将分析这一时期部分年份中国服务贸易行业总产品出口国内附加值的变化。与第三章和第四章类似，在此，同样只显示1995年、2001年、2008年、2014年的数据及这一时期均值的情况，计算结果如表5-1所示。从表5-1中可以看到：

表5-1　1995~2014年部分年份中国服务贸易行业总产品出口国内附加值及均值

单位：亿美元

行业	1995年	2001年	2008年	2014年	均值
建筑业	6.84	6.79	54.83	124.98	39.08
汽车和摩托车的销售和维修服务业	0.00	0.00	0.00	0.00	0.00
批发服务业	0.00	168.27	507.45	1485.27	453.39
零售服务业	0.00	34.81	104.98	307.72	93.82
酒店和餐饮服务业	34.71	33.19	113.09	86.71	67.57
内陆运输业	19.37	29.10	102.78	264.84	87.96
水上运输业	12.41	40.05	247.70	271.61	139.90
航空运输业	20.35	34.98	164.01	191.69	99.00
其他辅助运输业，包括旅游服务业	37.85	14.36	37.31	35.55	29.54
邮政、电信和音像出版服务业	7.19	14.04	75.22	144.09	53.55

续表

行业	1995 年	2001 年	2008 年	2014 年	均值
金融中介服务业	2.95	1.60	13.92	68.19	14.76
不动产服务业	0.00	0.00	0.00	0.00	0.00
并购、租赁和其他专业商业服务业	8.88	70.17	421.83	594.22	249.98
公共服务和国防服务业	1.68	1.97	6.21	9.77	4.51
教育服务业	1.37	1.39	3.78	6.81	3.11
健康和医疗服务业	0.82	0.90	5.37	6.63	2.65
社会组织服务业	30.73	77.62	89.26	89.58	77.11
家庭服务业	0.00	0.00	0.00	0.00	0.00

数据来源：根据 WIOD 数据库中的相关数据计算而得，精确到小数点后 2 位。

注：0.00 表示该行业在该年份没有统计数字或统计数据过小，无法通过小数点后 2 位显示出来。

第一，在这一时期，中国服务贸易行业总产品出口国内附加值是在增加的。

第二，在全部 18 个服务贸易行业中，批发服务业总产品出口国内附加值最高，其次为并购、租赁和其他专业商业服务业。与之对应的是，除部分为 0 的行业外，健康和医疗服务业、教育服务业、公共服务和国防服务业等服务贸易行业总产品出口国内附加值相对较低，上述三个服务贸易行业在这一时期中国服务贸易行业的总产品出口国内附加值的均值均没有超过 10 亿美元。总体来说，中国服务贸易总产品出口国内附加值主要集中在中国劳动密集型服务贸易行业。

二、中国服务贸易总产品出口国内附加值占比变化

图 5－8 显示了 1995～2014 年中国资本和技术密集型、劳动密集型服务贸易行业总产品出口国内附加值占中国服务贸易总产品出口国内附加值的比重及二者比例的变化情况，从中得到以下结论：

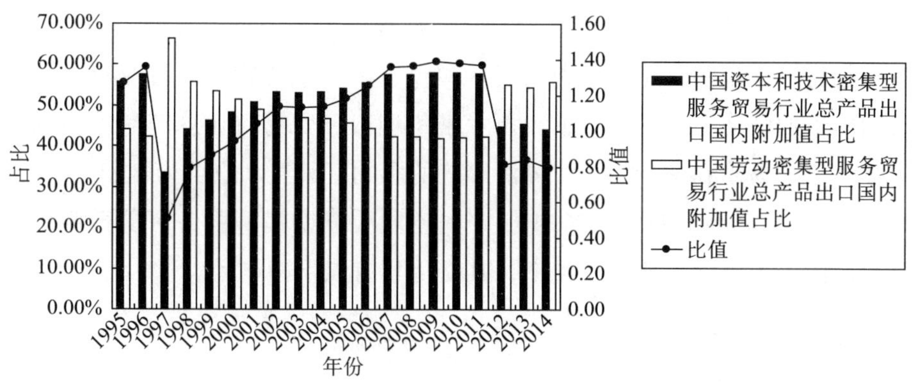

图 5－8　1995～2014 年中国不同要素密集型服务贸易行业出口国内附加值占比与比值变化趋势

数据来源：根据 WIOD 数据库中的相关数据计算而得。

第一，这一时期，中国资本和技术密集型服务贸易行业总产品出口国内附加值占中国服务贸易行业总产品出口国内附加值的比重总体上呈现出一个上升—下降—再上升—再下降的变化趋势。1995～1997 年，中国资本和技术密集型服务贸易行业总产品出口国内附加值占中国服务贸易总产品出口国内附加值的比重是在上升的，1996 年上升到了 57.60%，1997 年下降到了 33.63%。之后其比重逐年上升，至 2011 年上升到这一时期的最高值，为 57.79%。此后又有所下降，2014 年中国资本和技术密集型服务贸易行业总产品出口国内附加值占中国服务贸易总产品出口国内附加值的比重为 44.17%，较 1995 年下降了 13 个百分点。究其原因可能在于：随着中国服务业开放程度的提高，中国服务贸易更加依赖于基于要素禀赋产生的比较优势，而 1997 年以后中国资本和技术密集型服务贸易行业总产品出口国内附加值占中国服务贸易总产品出口国内附加值的比重上升，则从一个侧面反映了中国服务贸易总产品出口国内附加值商品结构在不断优化的事实。

第二，通过与第四章图 4－8 的对比可以发现，相对于中国资本和技术密集型货物贸易行业总产品出口国内附加值占中国货物贸易总产品出口国内附加值比重不断上升的情况，中国资本和技术密集型服务贸易行业总产品出口国内附加值占中国服务贸易总产品出口国内附加值的比重变化较为复杂，不是一种单一的逐年上升的变化趋势，而是一种近乎倒“U”形的变化趋势。这说明，相对于中国资本和技术密集型货物贸易行业总产品出口国内附加值而言，中国资本和技术密集型服务贸易行业总产品出口国内附加值更容易受到国际政治、经济形势的影响，其波动也更为剧烈。

图5－9显示了1996～2014年中国不同要素密集型服务贸易行业总产品出口国内附加值占比的变化率，其变化具有以下特点：

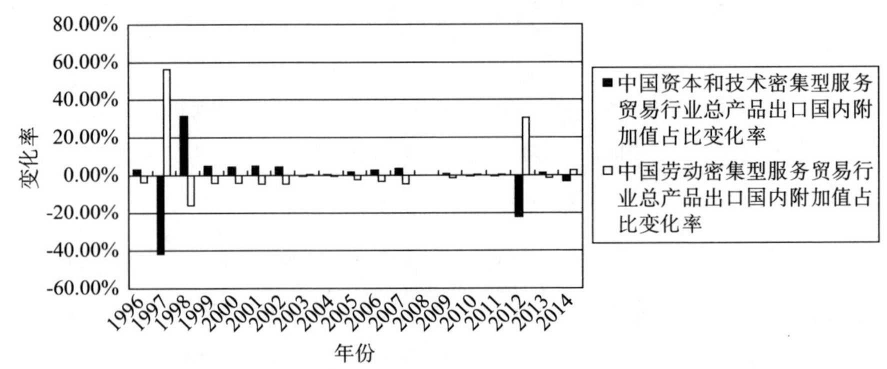

图5－9　1996～2014年中国不同要素密集型服务贸易行业总产品出口国内附加值占比变化率

数据来源：根据WIOD数据库中的相关数据计算而得。

第一，从中国资本和技术密集型服务贸易行业总产品出口国内附加值占中国服务贸易总产品出口国内附加值比重的变化率来看，在19年中有6年的增长率为负，下降幅度最大的是1997年，较1996年下降了41.61%，但1998年即产生了一个恢复性的上升，增长率达到了31.31%。除此之外，没有1年的增长率在10%以上，更有3年的增长率虽然为正，但却在1%以下(2004年、2008年、2009年)，19年的年均增长率仅为－0.20%。

第二，从中国劳动密集型服务贸易行业总产品出口国内附加值占中国服务贸易总产品出口国内附加值比重的变化率来看，在19年中有13年为负，最高变化率为56.51%（1997年），最低变化率为15.87%（1998年），19年的年均变化率为2.18%。

第三，从中国不同要素密集型服务贸易行业总产品出口国内附加值占比变化率的极差来看，中国资本和技术密集型服务贸易行业总产品出口国内附加值占中国服务贸易总产品出口国内附加值比重变化率的极差为72.91个百分点，中国劳动密集型服务贸易行业总产品出口国内附加值占中国服务贸易总产品出口国内附加值比重变化率的极差为72.37个百分点，说明这一时期中国劳动密集型服务贸易行业总产品出口国内附加值占中国服务贸易总产品出口国内附加值比重变化率的波动幅度略高于中国资本和技术密集型服务贸易行业总产品出口国内附加值占中国服务贸易总产品出口国内附加值比重变化率的波动幅度。

接下来进一步分析中国服务贸易各行业总产品出口国内附加值占中国服务贸易总产品出口国内附加值比重的变化情况。在此，也仅对1995年、2001年、2008年、2014年和这一时期均值的情况进行分析。从表5-2的计算结果可以发现：

表5-2　1995~2014年部分年份中国服务贸易各行业总产品出口国内附加值比重及均值

单位:%

行业	1995年	2001年	2008年	2014年	均值
建筑业	3.692	1.283	2.815	3.389	2.253
汽车和摩托车的销售和维修服务业	0.000	0.000	0.000	0.000	0.000
批发服务业	0.000	31.794	26.053	40.277	28.168
零售服务业	0.000	6.577	5.390	8.345	5.828
酒店和餐饮服务业	18.747	6.272	5.806	2.351	6.947
内陆运输业	10.461	5.499	5.277	7.182	6.006
水上运输业	6.702	7.567	12.717	7.365	8.994
航空运输业	10.992	6.610	8.420	5.198	7.500
其他辅助运输业，包括旅游服务业	20.441	2.714	1.916	0.964	4.792
邮政、电信和音像出版服务业	3.885	2.652	3.862	3.907	3.561
金融中介服务业	1.594	0.302	0.715	1.849	0.799
不动产服务业	0.000	0.000	0.000	0.000	0.000
并购、租赁和其他专业商业服务业	4.794	13.258	21.657	16.114	15.136
公共服务和国防服务业	0.909	0.372	0.319	0.265	0.363
教育服务业	0.742	0.263	0.194	0.185	0.323

续表

行业	1995 年	2001 年	2008 年	2014 年	均值
健康和医疗服务业	0. 445	0. 169	0. 276	0. 180	0. 181
社会组织服务业	16. 597	14. 666	4. 583	2. 429	9. 149
家庭服务业	0. 000	0. 000	0. 000	0. 000	0. 000

数据来源：根据 WIOD 数据库中的相关数据计算而得，精确到小数点后 3 位。

注：0. 000 表示该行业在该年份没有统计数字或统计数据过小，无法通过小数点后 3 位显示出来。

第一，总体来看，这一时期传统意义上的中国劳动密集型服务贸易行业总产品出口国内附加值占中国服务贸易总产品出口国内附加值的比重是在不断下降的，而中国资本和技术密集型服务贸易行业总产品出口国内附加值占中国服务贸易总产品出口国内附加值的比重却是在不断上升的。

第二，从这一时期的均值角度来看，批发服务业总产品出口国内附加值占中国服务贸易总产品出口国内附加值比重的均值最高，为 28. 17%，并购、租赁和其他专业商业服务业排在第二位，为 15. 14%，其他服务贸易行业总产品出口国内附加值占中国服务贸易总产品出口国内附加值的比重均未超过 10%。

上述情况说明，虽然中国资本和技术密集型服务贸易行业总产品出口国内附加值在中国服务贸易总产品出口国内附加值中的重要性在不断提高，但目前以批发服务业为代表的中国劳动密集型服务贸易行业总产品出口国内附加值在中国服务贸易总产品出口国内附加值中仍然占有重要地位。

第三节　中国服务贸易最终品出口国内附加值商品结构

本节在分析角度、研究方法、测算指标、数据来源和时间节点等方面与第二节相同。根据第三章中的方程（3 – 17）和方程（3 – 18），首先计算中国服务贸易最终品出口国内附加值，然后分别计算中国资本和技术密集型、劳动密集型服务贸易行业最终品出口国内附加值及其变化率，以及二者分别占中国服务贸易最终品出口国内附加值的比重及其变化率，最后是中国服务贸易最终品出口国内附加值商品结构分析。

一、中国服务贸易最终品出口国内附加值额变化

图 5－10 显示了 1995～2014 中国不同要素密集型服务贸易行业最终品出口国内附加值与比值的变化趋势，其具有以下三个特点：

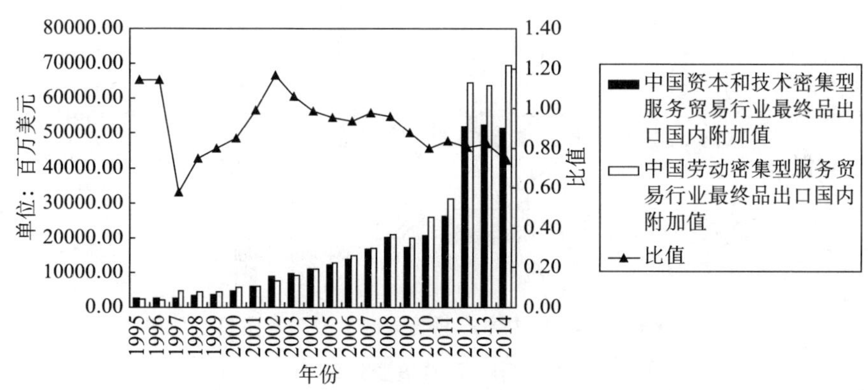

图 5－10 1995～2014 年中国不同要素密集型服务贸易行业最终品出口国内附加值与比值变化趋势

数据来源：根据 WIOD 数据库中的相关数据计算而得。

第一，这一时期，中国资本和技术密集型、劳动密集型服务贸易行业最终品出口国内附加值均呈增加趋势。其中，中国资本和技术密集型服务贸易行业最终品出口国内附加值由 1995 年的 25. 94 亿美元增加到 2014 年的 513. 49 亿美元，20 年间增加了约 18. 80 倍；中国劳动密集型服务贸易行业最终品出口国内附加值由 1995 年的 22. 73 亿美元上升到 2014 年的 696. 13 亿美元，20 年间增加了 29. 62 倍。

第二，总体来看，除个别年份外，这一时期中国劳动密集型服务贸易行业最终品出口国内附加值高于中国资本和技术密集型服务贸易行业最终品出口国内附加值。

第三，从这一时期中国资本和技术密集型、劳动密集型服务贸易行业最终品出口国内附加值之比来看，二者的比值最高时为 1.17（2002 年），此后逐年下降，至 2014 年，这一比值仅为 0.74。这也说明了，这一时期中国服务贸易最终品出口国内附加值主要集中在劳动密集型服务贸易行业。

1996～2014 年中国不同要素密集型服务贸易行业最终品出口国内附加值变化率见图 5－11，从中可以发现：

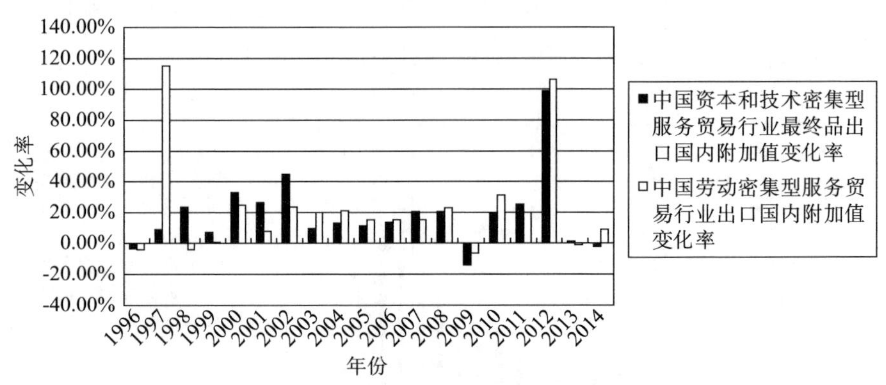

图 5－11　1996～2014 年中国不同要素密集型服务贸易行业最终品出口国内附加值变化率

数据来源：根据 WIOD 数据库中的相关数据计算而得。

第一，总体来看，这一时期中国资本和技术密集型、劳动密集型服务贸易行业最终品出口国内附加值变化率在大多数年份均保持了正的变化；从年均变化率来看，中国资本和技术密集型服务贸易行业最终品出口国内附加值年均变化率为 18.90%，中国劳动密集型服务贸易行业最终品出口国内附加值的年均变化率为 22.95%。这也说明了，中国劳动密集型服务贸易行业最终品出口国内附加值变化率高于中国资本和技术密集型服务贸易行业最终品出口国内附加值变化率。

第二，从中国资本和技术密集型服务贸易行业最终品出口国内附加值的变化来看，在 19 年中有 3 年的变化率为负（1996 年、2009 年、2014 年），其余年份的变化率均为正，有 12 年的变化率在 10% 以上，其中有 8 年的变化率在 20% 以上，最高年份的变化率达到了 98.45%（2012 年），最高年份与最低年份之差为 112.71%；

第三，从中国劳动密集型服务贸易行业最终品出口国内附加值变化率来看，在 19 年中有 4 年的变化率为负，最高年份的变化率为 115.05%（1997 年），最高年份与最低年份之差为 121.19%。这说明了，这一时期中国劳动密集型服务贸易行业最终品出口国内附加值的波动幅度更大。

接下来进一步分析这一时期部分年份中国服务贸易各行业最终品出口国内附加值及均值的变化，同样只显示 1995 年、2001 年、2008 年、2014 年的数据，计算结果如表 5-3 所示。

表 5-3　1995～2014 年部分年份中国服务贸易各行业最终品出口国内附加值及均值

单位：亿美元

行业	1995 年	2001 年	2008 年	2014 年	均值
建筑业	2.8397	2.2983	23.0137	0.9177	8.8368
汽车和摩托车的销售和维修服务业	0.0000	0.0000	0.0000	0.0000	0.0000
批发服务业	0.0001	22.9208	68.6679	529.4381	107.2522
零售服务业	0.0000	24.0186	72.3562	107.4290	49.2502
酒店和餐饮服务业	14.3829	9.5393	39.6263	28.6019	25.5334
内陆运输业	3.4365	5.3910	19.0106	84.5893	21.7431
水上运输业	2.7790	7.7406	47.6845	125.2347	36.6263
航空运输业	6.3169	11.5795	55.4932	62.6262	32.3491
其他辅助运输业，包括旅游服务业	4.3592	1.5351	4.1768	10.2870	4.3118
邮政、电信和音像出版服务业	1.1781	2.3264	12.4738	51.9922	13.1825
金融中介服务业	0.6070	0.2903	2.7932	24.6783	4.3425
不动产服务业	0.0000	0.0000	0.0000	0.0001	0.0001
并购、租赁和其他专业商业服务业	0.6419	5.0913	30.5992	102.1702	27.5959
公共服务和国防服务业	0.7511	0.8823	2.8472	3.0246	1.8336
教育服务业	0.5213	0.4908	1.3308	2.0030	1.0640
健康和医疗服务业	0.4445	0.4866	2.9091	2.0332	1.2011
社会组织服务业	9.2680	26.7147	27.6141	55.1393	29.3161
家庭服务业	0.0000	0.0000	0.0000	0.0000	0.0000

数据来源：根据 WIOD 数据库中的相关数据计算而得，精确到小数点后 4 位。

注：0.0000 表示该行业在该年份没有统计数字或统计数据过小，无法通过小数点后 4 位显示出来。

第一，整体来看，这一时期中国服务贸易各行业最终品出口国内附加值是在不断增加的。

第二，从均值的角度来看，在中国服务贸易各行业中，批发服务业最终品出口国内附加值最高，也是唯一一个最终品出口均值在100亿美元以上的服务贸易行业；其次为零售服务业。上述两个行业，均为传统意义上的劳动密集型服务贸易行业。在不为0的服务贸易行业中，公共服务和国防服务业、教育服务业、健康和医疗服务业等服务贸易行业的均值都在2亿美元以下，且都为传统意义上的资本和技术密集型服务贸易行业。

上述对中国各服务贸易行业的分析也进一步说明了，中国服务贸易最终品出口主要集中于劳动密集型服务贸易行业。

二、中国服务贸易最终品出口国内附加值占比变化

图5-12显示了1995~2014年中国不同要素密集型服务贸易行业最终品出口国内附加值占比的变化趋势。从中可以看出：

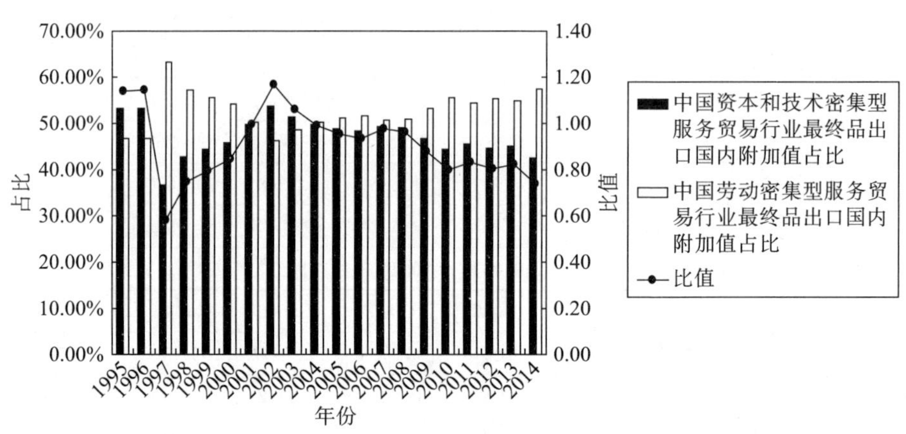

图5-12 1995~2014年中国不同要素密集型服务贸易行业最终品出口国内附加值占比与比值变化趋势

数据来源：根据WIOD数据库中的相关数据计算而得。

第一，这一时期，中国资本和技术密集型服务贸易行业最终品出口国内附加值占中国服务贸易最终品出口国内附加值的比重呈现出先下降后上

升再下降的变化特点，其占比由 1996 年的 53.35% 下降到 1997 年的 36.71%，然后逐年上升，至 2002 年上升到这一时期的最高值 53.82%，此后又逐年下降，至 2014 年下降到 42.45%，较 1995 年下降了约 11 个百分点。

第二，2004 年以后，中国劳动密集型服务贸易行业最终品出口国内附加值占中国服务贸易最终品出口国内附加值的比重始终高于中国资本和技术密集型服务贸易行业最终品出口国内附加值占中国服务贸易最终品出口国内附加值的比重。这进一步说明，这一时期中国服务贸易最终品出口国内附加值主要是以劳动密集型服务贸易出口为主的。

从中国不同要素密集型服务贸易行业最终品出口国内附加值占中国服务贸易最终品出口国内附加值比重的变化率来看，在这一时期中，中国资本和技术密集型服务贸易行业最终品出口国内附加值占比的变化率在 19 年中有 10 年为负，下降最高的年份是 1997 年，较 1996 年下降了 31.20%，但 1998 年即产生了一个恢复性的上升，增长率达到了 16.63%，这也是这一时期的最高增长率，19 年的年均增长率仅为 -0.73%；中国劳动密集型服务贸易行业最终品出口国内附加值占中国服务贸易最终品出口国内附加值比重的变化率则在大多数年份为正。详见图 5－13。

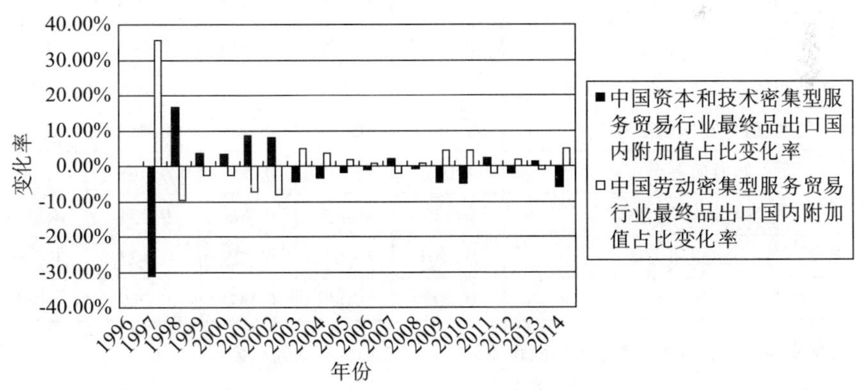

图 5－13　1996～2014 年中国不同要素密集型服务贸易行业最终品出口国内附加值占比变化率

数据来源：根据 WIOD 数据库中的相关数据计算而得。

综上所述，在报告期内，虽然中国资本和技术密集型服务贸易行业最终品出口国内附加值是在不断增加的，但其占中国服务贸易最终品出口国内附加值的比重却没有表现出持续上升的态势。

在图5－12和图5－13的基础上，表5－4计算了1995～2014年部分年份中国服务贸易最终品出口国内附加值比重及均值，从中可以发现：

表5－4　　1995～2014年部分年份中国服务贸易最终品出口国内附加值比重及均值

单位：%

行业	1995年	2001年	2008年	2014年	均值
建筑业	5.975	1.895	5.605	0.077	3.193
汽车和摩托车的销售和维修服务业	0.000	0.000	0.000	0.000	0.000
批发服务业	0.000	18.895	16.724	44.484	20.124
零售服务业	0.000	19.800	17.622	9.026	15.659
酒店和餐饮服务业	30.263	7.864	9.651	2.403	10.829
内陆运输业	7.231	4.444	4.630	7.107	5.076
水上运输业	5.847	6.381	11.613	10.522	8.452
航空运输业	13.291	9.546	13.515	5.262	10.491
其他辅助运输业，包括旅游服务业	9.172	1.265	1.017	0.864	2.362
邮政、电信和音像出版服务业	2.479	1.918	3.038	4.368	2.858
金融中介服务业	1.277	0.239	0.680	2.074	0.759
不动产服务业	0.000	0.000	0.000	0.000	0.000
并购、租赁和其他专业商业服务业	1.351	4.197	7.452	8.585	5.555
公共服务和国防服务业	1.580	0.727	0.693	0.254	0.678
教育服务业	1.097	0.405	0.324	0.168	0.506
健康和医疗服务业	0.935	0.401	0.708	0.171	0.390
社会组织服务业	19.501	22.023	6.725	4.633	13.067
家庭服务业	0.000	0.000	0.000	0.000	0.000

数据来源：根据WIOD数据库中的相关数据计算而得，精确到小数点后3位。

注：0.000表示该行业在该年份没有统计数字或统计数据过小，无法通过小数点后3位显示出来。

从这一时期的均值角度来看，排在前面的行业分别是批发服务业（20.12%）和零售服务业（15.66%）、社会组织服务业（13.07%）、酒店和餐饮服务业（10.83%）、航空运输业（10.49%）。除航空运输业之外，其他各服务贸易行业均可视为传统意义上的劳动密集型服务贸易行业，其出口国内附加值占中国服务贸易出口国内附加值的比重均未超过10%。

上述分析表明，虽然中国资本和技术密集型服务贸易行业最终品出口国内附加值在中国服务贸易最终品出口国内附加值中的重要性在不断增强，但目前中国劳动密集型服务贸易行业在中国服务贸易最终品出口国内附加值中仍占有重要地位。

第四节　中国服务贸易中间品出口国内附加值商品结构

这一部分将分析中国不同要素密集型服务贸易行业中间品出口国内附加值额及其变化率、中国不同要素密集型服务贸易行业中间品出口国内附加值占比及其变化率和中国服务贸易中间品出口国内附加值商品结构，并比较其与中国服务贸易最终品和中国货物贸易中间品出口国内附加值商品结构的差异。

一、中国服务贸易中间品出口国内附加值额变化

图5－14计算了1995~2014年中国不同要素密集型服务贸易行业中间品出口国内附加值的变化趋势。从中可以看出：

第一，从总体上看，这一时期，中国资本和技术密集型、劳动密集型服务贸易行业中间品出口国内附加值均呈不断上升的变化趋势。其中，中国资本和技术密集型服务贸易行业中间品出口国内附加值由1995年的79.60亿美元增加到2011年的1250.36亿美元，此后有所减少，2014年为1116.22亿美元，20年间增加了约13倍；中国劳动密集型服务贸易行业中

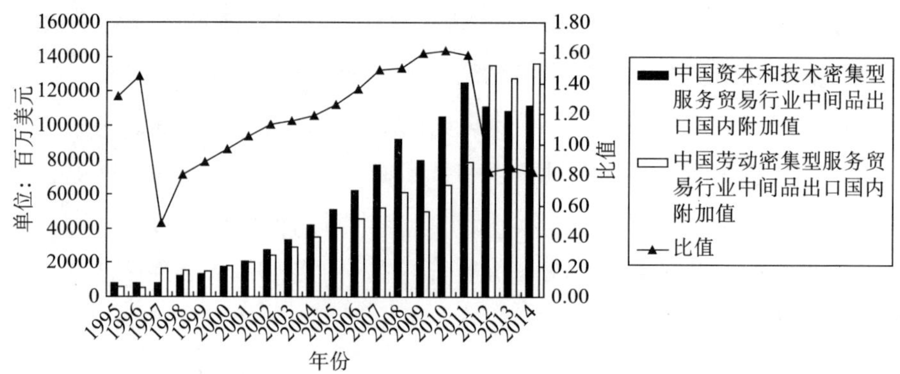

图 5－14　1995～2014 年中国不同要素密集型服务贸易行业中间品出口国内附加值与比值变化趋势

数据来源：根据 WIOD 数据库中的相关数据计算而得。

间品出口国内附加值由 1995 年的 60.52 亿美元增加到 2014 年的 1277.79 亿美元，增加了 21.45 倍。

第二，从中国资本和技术密集型、劳动密集型服务贸易行业中间品出口国内附加值的比值来看，在这一时期经历了一个先下降—后上升—再下降的变化趋势。1997～2000 年，中国劳动密集型服务贸易行业中间品出口国内附加值高于中国资本和技术密集型服务贸易行业中间品出品国内附加值，2001～2011 年，中国资本和技术密集型服务贸易行业中间品出口国内附加值高于中国劳动密集型服务贸易行业中间品出口国内附加值，2012 年之后，中国劳动密集型服务贸易行业中间品出口国内附加值再度高于中国资本和技术密集型服务贸易行业中间品出口国内附加值。

第三，从这一时期中国不同要素密集型服务贸易行业中间品出口国内附加值总额上看，中国资本和技术密集型服务贸易行业中间品出口总额为 11146.31 亿美元，多于中国劳动密集型服务贸易行业中间品出口总额的 9974.32 亿美元。

第四，对比图 5－10 和图 5－14 可以发现，相对于中国不同要素密集型服务贸易行业最终品出口国内附加值，无论是中国资本和技术密集型服务贸易行业还是中国劳动密集型服务贸易行业，在其中间品出口中都包含了更多的国内附加值。因此，可以说，中国服务贸易出口国内附加值更多是由中国服务贸易中间品出口创造的，这一结论针对中国不同要素密集型服务贸易行业也成立。

图 5－15 显示了 1996～2014 年中国不同要素密集型服务贸易行业中间品出口国内附加值变化率的变化趋势，从中可以发现如下特点：

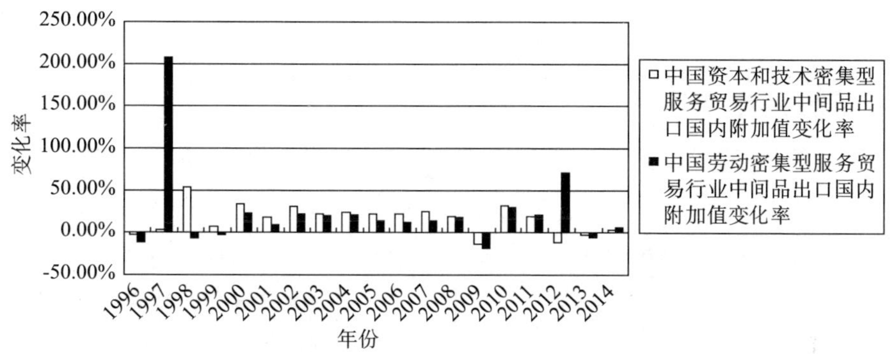

图 5－15　1996～2014 年中国不同要素密集型服务贸易行业中间品出口国内附加值变化率

数据来源：根据 WIOD 数据库中的相关数据计算而得。

首先，从中国资本和技术密集型服务贸易行业中间品出口国内附加值的增长率来看，在 19 年中有 4 年的增长率为负（1996 年、2009 年、2012 年、2013 年），其余年份的增长率均为正，有 12 年的增长率在 10% 以上，其中有 9 年的增长率在 20% 以上，最高年份的增长率达到了 53.78%（1998 年），年均增长率达到了 16.10%。

其次，中国劳动密集型服务贸易行业中间品出口国内附加值变化率同样在大多数年份为正，在 19 年中有 5 年为负，年均变化率为 23.45%。这说明，这一时期中国资本和技术密集型服务贸易行业中间品出口国内附加值的变化幅度低于中国劳动密集型服务贸易行业中间品出口国内附加值的变化幅度，即中国劳动密集型服务贸易行业中间品出口国内附加值保持了一个相对更快的增长速度。

最后，从中国不同要素密集型服务贸易行业中间品出口国内附加值变化率的变化幅度来看，中国资本和技术密集型服务贸易行业中间品出口国内附加值变化率的变化幅度较大，最高值和最低值相差 66.81 个百分点；

中国劳动密集型服务贸易行业中间品出口国内附加值变化率变化幅度的最高值和最低值相差226.02个百分点，这说明中国劳动密集型服务贸易行业中间品出口国内附加值在各年度的波动幅度更大。

1995~2014年部分年份中国服务贸易各行业中间品出口国内附加值及均值见表5-5，从中可以发现以下三个特点：

表5-5　1995~2014年部分年份中国服务贸易各行业中间品出口国内附加值及均值

单位：亿美元

行业	1995年	2001年	2008年	2014年	均值
建筑业	3.9926	4.4845	31.7278	123.1719	30.06536
汽车和摩托车的销售和维修服务业	0.0000	0.0000	0.0000	0.0000	0.0000
批发服务业	0.0000	144.4508	433.4484	934.1222	340.3925
零售服务业	0.0000	10.7314	32.2196	196.3925	43.82126
酒店和餐饮服务业	20.2902	23.5962	73.1026	57.4299	41.79099
内陆运输业	15.8752	23.5580	82.7102	177.0670	65.30966
水上运输业	9.5958	32.1164	198.5710	143.0020	102.1006
航空运输业	14.0054	23.3157	107.5276	127.1996	65.97645
其他辅助运输业，包括旅游服务业	33.4081	12.7793	32.8579	24.8694	25.04394
邮政、电信和音像出版服务业	6.0073	11.6783	62.2900	90.6648	40.00756
金融中介服务业	2.3414	1.3039	11.0517	42.8256	10.29097
不动产服务业	0.0000	0.0000	0.0000	0.0000	0.0000
并购、租赁和其他专业商业服务业	8.2173	64.8400	387.5686	485.2454	220.0867
公共服务和国防服务业	0.9296	1.0844	3.3325	6.6384	2.644061
教育服务业	0.8506	0.9008	2.4312	4.7789	2.02971
健康和医疗服务业	0.3784	0.4082	2.4564	4.5581	1.437146
社会组织服务业	21.3980	50.6402	61.1024	34.2391	47.43278
家庭服务业	0.0000	0.0000	0.0000	0.0000	0.0000

数据来源：根据WIOD数据库中的相关数据计算而得，精确到小数点后4位。

注：0.0000表示该行业在该年份没有统计数字或统计数据过小，无法通过小数点后4位显示出来。

第一，总体来看，中国各服务贸易行业中间品出口国内附加值在这一时期均表现出逐年增加的变化趋势。

第二，从中国各服务贸易行业中间品出口国内附加值的均值情况来看，批发服务业，并购、租赁和其他专业商业服务业，水上运输业这三个行业中间品出口国内附加值的均值在全部 18 个服务贸易行业中排在前 3 位，上述三个行业也是仅有的三个中间品出口国内附加值在 100 亿美元以上的行业；健康和医疗服务业、教育服务业、公共服务和国防服务业这三个服务贸易行业中间品出口国内附加值最少，均不足 5 亿美元。

第三，对比表 5 – 3 和表 5 – 5 可以发现，中国各服务贸易行业中间品出口国内附加值均高于最终品出口国内附加值。这也进一步说明了，中国各服务贸易行业出口国内附加值主要集中在中间品出口上。

二、中国服务贸易中间品出口国内附加值占比变化

图 5 – 16 计算了 1995 ~ 2014 年中国不同要素密集型服务贸易行业中间品出口国内附加值占比与比值变化，从中可以发现以下四个特点：

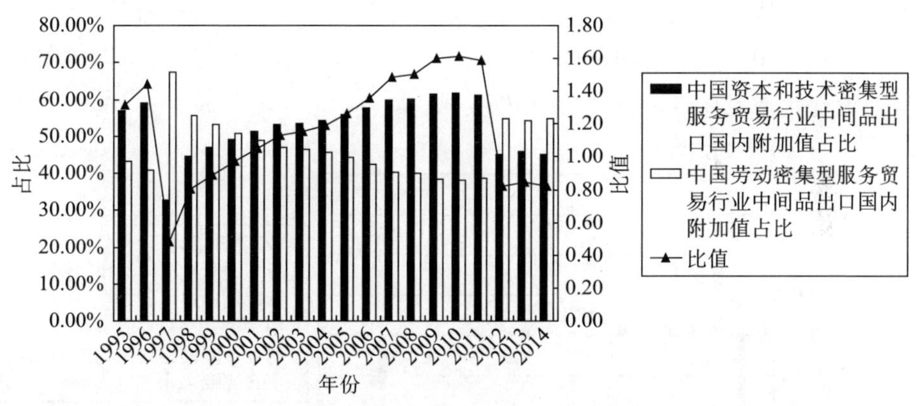

图 5 – 16　1995 ~ 2014 年中国不同要素密集型服务贸易行业中间品出口国内附加值占比与比值变化趋势

数据来源：根据 WIOD 数据库中的相关数据计算而得。

第一，在报告期内，中国资本和技术密集型服务贸易行业中间品出口国内附加值占中国服务贸易中间品出口国内附加值的比重有 13 年高于中国劳动密集型服务贸易行业中间品出口国内附加值占中国服务贸易中间品出

口国内附加值的比重。

第二，中国资本和技术密集型服务贸易行业中间品出口国内附加值占比的均值为52.77%，略高于中国劳动密集型服务贸易行业中间品出口国内附加值占比47.23%的均值。这说明，总体上看，这一时期中国服务贸易中间品出口国内附加值是以中国资本和技术密集服务贸易行业为主的。

第三，中国资本和技术密集型服务贸易行业中间品出口国内附加值占中国服务贸易中间品出口国内附加值的比重，总体上呈现出一个上升—下降—上升—下降的变化趋势。1996年的比重为59.01%，1997年的32.70%为这一时期的最低值，之后逐年上升，到2011年上升到这一时期的最高值61.34%。此后又逐年下降，2014年比重降为45.11%，较1995年下降了约12个百分点。

第四，中国资本和技术密集型服务贸易行业中间品出口国内附加值在中国服务贸易中间品出口国内附加值中的占比略高于中国资本和技术密集型服务贸易行业最终品出口国内附加值在中国服务贸易最终品出口国内附加值中的占比。

1996~2014年中国不同要素密集型服务贸易行业中间品出口国内附加值占比变化率见图5－17，从中可见：

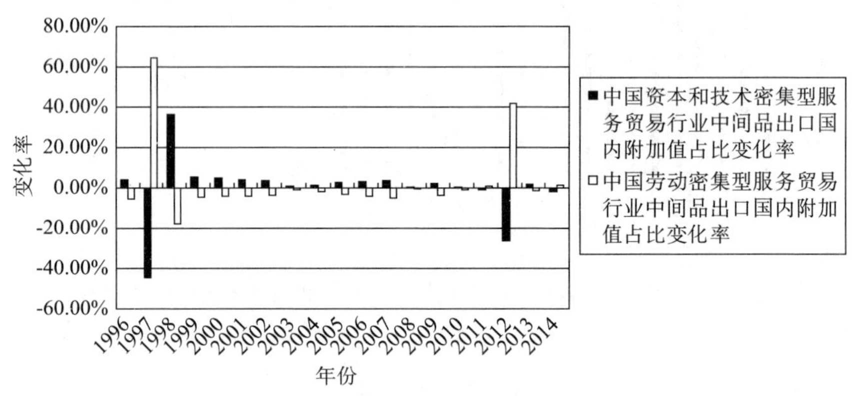

图5－17　1996~2014年中国不同要素密集型服务贸易行业中间品出口国内附加值占比变化率

数据来源：根据WIOD数据库中的相关数据计算而得。

第一，中国资本和技术密集型服务贸易行业中间品出口国内附加值占中国服务贸易行业中间品出口国内附加值的比重，在19年中有4年的变化率为负，下降幅度最大的是1997年，较1996年下降了44.66%。但1998年的变化率达到了36.23%，这也是这一时期最高的增长率，19年的年均变化率仅为0.09%。中国劳动密集型服务贸易行业中间品出口国内附加值占中国服务贸易中间品出口国内附加值比重的变化率，在大多数年份为负，19年的年均变化率为2.54%。

第二，从中国不同要素密集型服务贸易行业中间品出口国内附加值占比变化率的极差来看，中国劳动密集型服务贸易行业中间品出口国内附加值占比变化率的极差为82.14%，中国资本和技术密集型服务贸易行业中间品出口国内附加值占比的极差为80.90%，前者略高。

表5-6计算了1995~2014年部分年份中国服务贸易中间品出口国内附加值比重及均值，从中可以发现：

表5-6　　1995~2014年部分年份中国服务贸易中间品出口国内附加值比重及均值

单位:%

行业	1995年	2001年	2008年	2014年	均值
建筑业	2.908	1.105	2.084	5.023	2.089
汽车和摩托车的销售和维修服务业	0.000	0.000	0.000	0.000	0.000
批发服务业	0.000	35.589	28.471	38.093	30.289
零售服务业	0.000	2.644	2.116	8.009	3.018
酒店和餐饮服务业	14.779	5.813	4.802	2.342	5.784
内陆运输业	11.563	5.804	5.433	7.221	6.285
水上运输业	6.989	7.913	13.043	5.832	9.069
航空运输业	10.201	5.744	7.063	5.187	6.652
其他辅助运输业，包括旅游服务业	24.334	3.148	2.158	1.014	5.571
邮政、电信和音像出版服务业	4.376	2.877	4.092	3.697	3.769
金融中介服务业	1.705	0.321	0.726	1.746	0.810
不动产服务业	0.000	0.000	0.000	0.000	0.000
并购、租赁和其他专业商业服务业	5.985	15.975	25.458	19.788	18.067
公共服务和国防服务业	0.677	0.267	0.219	0.271	0.271

续表

行业	1995 年	2001 年	2008 年	2014 年	均值
教育服务业	0. 620	0. 222	0. 160	0. 195	0. 269
健康和医疗服务业	0. 276	0. 101	0. 161	0. 186	0. 120
社会组织服务业	15. 586	12. 476	4. 014	1. 396	7. 936
家庭服务业	0. 000	0. 000	0. 000	0. 000	0. 000

数据来源：根据 WIOD 数据库中的相关数据计算而得，精确到小数点后 3 位。

注：0. 000 表示该行业在该年份没有统计数字或统计数据过小，无法通过小数点后 3 位显示出来。

第一，传统意义上的中国劳动密集型服务贸易行业中间品出口国内附加值占中国服务贸易中间品出口国内附加值的比重是在不断下降的，中国资本和技术密集型服务贸易行业中间品出口国内附加值占中国服务贸易中间品出口国内附加值的比重却是在不断上升的。

第二，从这一时期的均值来看，批发服务业中间品出口国内附加值占中国服务贸易中间品出口国内附加值比重的均值最高，达到了 30. 29%，并购、租赁和其他专业商业服务业排在第二位，为 18. 07%，其他行业的比重均未超过 10%。这说明，虽然中国资本和技术密集型服务贸易行业中间品出口国内附加值在中国服务贸易中间品出口国内附加值中的重要性在不断增强，但目前以批发服务业为代表的中国劳动密集型服务贸易行业中间品出口国内附加值在中国服务贸易中间品出口国内附加值中仍占有重要地位。

第三，对比中国各服务贸易行业最终品出口国内附加值占中国服务贸易最终品出口国内附加值的比重，可以发现，中国资本和技术密集型服务贸易行业中间品出口国内附加值在中国服务贸易中间品出口国内附加值中占有更为重要的地位，这也与服务贸易中间品和最终品的差别直接相关。在中国服务贸易出口中，中间品出口更多的是资本和技术密集型的，最终品出口由于直接面向消费者，更多的是劳动密集型的，因此中国资本和技术密集型服务贸易行业在中国服务贸易中间品出口国内附加值上占有相对更为重要的地位。

第五节　中国服务贸易出口国内附加值商品结构变化指数

根据方程（3-19），本节计算了1996~2014年中国服务贸易出口国内附加值商品结构变化指数，方程（3-19）中的$\left(\frac{DVA_i}{DVA}\right)_t$一项为第$t$年服务贸易出口国内附加值商品结构，计算结果如图5-18所示，从中可以发现以下三个特点：

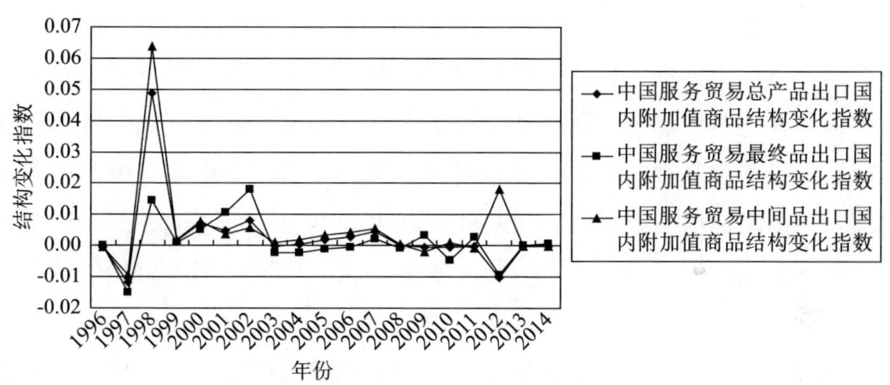

图5-18　1996~2014年中国服务贸易出口国内附加值商品结构变化指数变动趋势

数据来源：根据WIOD数据库中的相关数据计算而得。

第一，总体来说，这一时期，中国服务贸易出口国内附加值商品结构变化指数、中国服务贸易最终品和中间品出口国内附加值商品结构变化指数的变化趋势为正，结构变化指数为正的年份多于为负的年份。这说明，这一时期中国服务贸易出口国内附加值商品结构趋于优化。

第二，从这一时期的均值上看，中国服务贸易中间品出口国内附加值商品结构变化指数大于中国服务贸易总产品和最终品出口国内附加值商品结构变化指数。

第三，这一时期，中国服务贸易中间品出口国内附加值商品结构变化指数的变动幅度大于中国服务贸易总产品和最终品出口国内附加值商品结构变化指数的变动幅度。这也说明，这一时期中国服务贸易中间品出口国内附加值商品结构的优化程度相对更高。

本章小结

本章主要从中国服务贸易总产品、最终品和中间品出口国内附加值商品结构及其变化指数这四个方面，对中国服务贸易出口国内附加值商品结构的变化趋势进行了系统分析，分析后所得到的主要结论如下：

首先，从中国不同要素密集型服务贸易行业出口国内附加值额来看，虽然这一时期中国资本和技术密集型、劳动密集型服务贸易行业出口国内附加值均在不断增加，且这一结论对于中国不同要素密集型服务贸易行业总产品、最终品和中间品出口国内附加值额同样适用。但是，中国服务贸易出口国内附加值主要是由中国服务贸易中间品出口创造的，即中国服务贸易最终品出口国内附加值对中国服务贸易总产品出口国内附加值的影响相对较小。

其次，从中国不同要素密集型服务贸易行业出口国内附加值占中国服务贸易出口国内附加值的比重来看，这一时期，虽然中国资本和技术密集型服务贸易行业总产品出口国内附加值占比不断提高，但是中国劳动密集型服务贸易行业总产品出口国内附加值在中国服务贸易总产品出口国内附加值中仍居于主导地位；这一时期，中国服务贸易最终品出口国内附加值主要是由中国劳动密型服务贸易行业创造的，中国服务贸易中间品出口国内附加值主要是中国由资本和技术密集服务贸易行业创造的。

再次，中国资本和技术密集型服务贸易行业出口国内附加值在中国服务贸易总产品出口国内附加值中占据主导地位，但是在中国服务贸易中间品和最终品出口国内附加值中的地位则是不同的。

最后，对中国服务贸易出口国内附加值商品结构变化指数的分析表明，总体来说，这一时期中国服务贸易出口国内附加值商品结构趋于优化，且中国服务贸易中间品出口国内附加值商品结构的优化程度相对更高。

第六章

中国出口国内附加值商品结构的影响因素实证分析

前已述及，全球价值链分工的本质是世界各国和地区依据各自在不同生产环节的比较优势对产品价值链进行重构，一国或地区对外贸易附加值商品结构的决定因素仍然是比较优势。

基于上述理论分析，本章将主要依据比较优势理论和要素禀赋理论，采用计量经济学的研究方法，在第三、第四和第五章分析的基础上，从总量（出口国内附加值额）和比重（出口国内附加值比重）两个角度，分别对中国货物贸易和服务贸易出口国内附加值商品结构的影响因素进行实证研究。

在变量的选取上，将中国对外贸易出口国内附加值商品结构作为因变量，根据第二章的分析，决定一国出口国内附加值商品结构的主要因素是要素禀赋和技术水平，因此，本章将资本—劳动比作为衡量中国要素禀赋的自变量，将劳动生产率作为衡量中国技术水平的自变量，来研究上述两个变量对中国总贸易（包括货物贸易和服务贸易）出口国内附加值商品结构的影响。

第一节 计量模型的设定和数据来源

一、计量模型的设定和变量选择

在计量方法的选取上，本章将采用基于面板数据的相关研究方法对中国出口国内附加值额（一定时期内各类商品或某种商品出口中的国内附加值总量）的影响因素进行实证研究；对中国出口国内附加值比重（一定时期内各类商品或某种商品出口中的国内附加值在一国或地区出口国内附加值中所占的比重或地位）的影响因素则将采用基于时间序列数据的相关研究方法进行实证研究。

（一）中国出口国内附加值额影响因素的计量模型设定

在分析中国出口国内附加值额的影响因素时，由于面板数据的固定效应模型可以在一定程度上解决不可观测因素对自变量的影响，部分解决内生性问题，减少估计误差[130]，因此，这里将使用面板数据的固定效应模型来分析本章两个最关键的解释变量，即以资本—劳动比衡量的要素禀赋和以劳动生产率衡量的技术水平对中国出口国内附加值额的影响因素进行实证研究。考虑到各行业出口国内附加值受到其前一期的影响，设定以下计量模型：

$$tva_{it} = \alpha_0 + \alpha_1 tva_{it-1} + \alpha_2 kl_{it} + \alpha_3 lp_{it} + \beta \overline{Z}_{it} + u_i + u_t + u_m + \varepsilon_{it} \quad (6-1)$$

$$ftva_{it} = \alpha_0 + \alpha_1 ftva_{it-1} + \alpha_2 kl_{it} + \alpha_3 lp_{it} + \beta \overline{Z}_{it} + u_i + u_t + u_m + \varepsilon_{it} \quad (6-2)$$

$$itva_{it} = \alpha_0 + \alpha_1 itva_{it-1} + \alpha_2 kl_{it} + \alpha_3 lp_{it} + \beta \overline{Z}_{it} + u_i + u_t + u_m + \varepsilon_{it} \quad (6-3)$$

$$gva_{it} = \alpha_0 + \alpha_1 gva_{it-1} + \alpha_2 kl_{it} + \alpha_3 lp_{it} + \beta \overline{Z}_{it} + u_i + u_t + u_m + \varepsilon_{it} \quad (6-4)$$

$$fgva_{it} = \alpha_0 + \alpha_1 fgva_{it-1} + \alpha_2 kl_{it} + \alpha_3 lp_{it} + \beta \overline{Z}_{it} + u_i + u_t + u_m + \varepsilon_{it} \quad (6-5)$$

$$igva_{it} = \alpha_0 + \alpha_1 igva_{it-1} + \alpha_2 kl_{it} + \alpha_3 lp_{it} + \beta \overline{Z}_{it} + u_i + u_t + u_m + \varepsilon_{it} \quad (6-6)$$

$$sva_{it} = \alpha_0 + \alpha_1 sva_{it-1} + \alpha_2 kl_{it} + \alpha_3 lp_{it} + \beta \overline{Z}_{it} + u_i + u_t + u_m + \varepsilon_{it} \quad (6-7)$$

$$fsgva_{it} = \alpha_0 + \alpha_1 fsgva_{it-1} + \alpha_2 kl_{it} + \alpha_3 lp_{it} + \beta \overline{Z}_{it} + u_i + u_t + u_m + \varepsilon_{it} \quad (6-8)$$

$$isgva_{it} = \alpha_0 + \alpha_1 isgva_{it-1} + \alpha_2 kl_{it} + \alpha_3 lp_{it} + \beta \overline{Z}_{it} + u_i + u_t + u_m + \varepsilon_{it} \quad (6-9)$$

其中，i 代表行业；t 代表年份；$\overline{Z}_{it}$ 代表控制变量；u_i 代表个体固定效应；u_t 代表年份固定效应；u_m 代表行业要素密集型度固定效应，即根据行业属于不同要素密集型度行业的固定效应；ε_{it} 代表误差项。

方程（6-1）~方程（6-3）分别用于计算分析中国总贸易所有行业总产品、最终品和中间品出口国内附加值额的影响因素；方程（6-4）~方程（6-6）分别用于计算分析中国货物贸易行业总产品、最终品和中间品出口国内附加值额的影响因素；方程（6-7）~方程（6-9）分别用于计算分析中国服务贸易行业总产品、最终品和中间品出口国内附加值额的影响因素。

方程中的各变量说明如下：

1. 因变量

（1）tva_{it}：中国 i 总贸易所有行业 t 年总产品出口国内附加值额，方程（6-1）的因变量；

（2）$ftva_{it}$：中国 i 总贸易所有行业 t 年最终品出口国内附加值额，方程（6-2）的因变量；

（3）$itva_{it}$：中国 i 总贸易所有行业 t 年中间品出口国内附加值额，方程（6-3）的因变量；

（4）gva_{it}：中国 i 货物贸易行业 t 年总产品出口国内附加值额，方程（6-4）的因变量；

（5）$fgva_{it}$：中国 i 货物贸易行业 t 年最终品出口国内附加值额，方程（6-5）的因变量；

（6）$igva_{it}$：中国 i 货物贸易行业 t 年中间品出口国内附加值额，方程（6-6）的因变量；

（7）sva_{it}：中国 i 服务贸易行业 t 年总产品出口国内附加值额，方程（6-7）的因变量；

（8）$fsva_{it}$：中国 i 服务贸易行业 t 年最终品出口国内附加值额，方程（6-8）的因变量；

（9）$isva_{it}$：中国 i 服务贸易行业 t 年中间品出口国内附加值额，方程（6-9）的因变量。

2. 自变量

方程（6-1）~方程（6-9）的主要自变量有两个：

（1）kl_{it}：中国 i 行业 t 年的资本—劳动比，以这一时期各年度中国各行业资本存量与劳动就业时间之比作为测算方法。

（2）lp_{it}：中国 i 行业 t 年的劳动生产率，以这一时期各年度中国各行业附加值与劳动就业时间之比作为测算方法。

根据比较优势理论和要素禀赋理论，当各行业资本—劳动比和劳动生产率提高时，无论是货物贸易行业还是服务贸易行业出口国内附加值，无论是中间品还是最终品出口国内附加值，均应提高，因此，预期上述两个变量的系数符号为正。

3. 控制变量

本章的控制变量主要包括：

（1）$output_{it}$：中国 i 行业 t 年的总产出，总产出越高，该行业出口国内附加值越高，因此，预期该项系数为正。

（2）ita_{it}：中国 i 行业 t 年的进口渗透率，作为关税或非关税壁垒的控制变量，进口渗透率的计算方法，对照蒋庚华（2016）的计算公式，用进口与国内消费之比，衡量该行业对国外的依赖程度[131]。随着进口渗透率的上升，进口增长，对外的依赖程度加深，一方面总产出减少，另一方面也使出口中的进口成分增加，相应地，其出口国内附加值会降低，因此预期该项的系数符号为负。

（3）$gvc\_position$：全球价值链位置，用于衡量中国不同行业在全球价值链中的位置，计算方法参照 Koopman 等（2010）提出的测算一国在全球价值链中的位置的指标[132]，同时借鉴王岚（2014）[133]、王岚和李宏艳（2015）[134]、蒋庚华和吴云霞（2017）[135]的计算方法，来测算中国不同行业在全球价值链中的位置，计算方程如 6－10 所示。

$$gvc\_position = \ln(1 + \frac{IV_{ir}}{E_{ir}}) - \ln(1 + \frac{FV_{ir}}{E_{ir}}) \tag{6-10}$$

其中，E_{ir} 为 i 国 r 行业的出口额；IV_{ir} 为 i 国 r 行业出口中的国内附加值；FV_{ir} 为 i 国 r 行业出口中的国外附加值。

变量的说明和描述性统计如表 6－1 所示。

表 6－1　中国出口国内附加值额的影响因素：变量的描述性统计

变量名称	变量中文名称	样本量	均值	标准差	最小值	最大值
tva	总产品出口国内附加值	680	24045.76	58147.36	0.0451492	585219.3
fva	最终品出口国内附加值	680	11681.34	33116.89	0.0451492	338548.6
iva	中间品出口国内附加值	680	12030.94	26119.91	0	238883
lp	劳动生产率	680	99.49088	165.4667	1.41145	1634.775
kl	资本—劳动比	680	1.821622	1.193297	0.0543583	8.202662
gvc_position	全球价值链位置	680	−0.0543497	0.0247948	−0.1556008	−0.0107991

续表

变量名称	变量中文名称	样本量	均值	标准差	最小值	最大值
output	行业产出	680	323741.6	442991.4	4738.774	3033938
ira	进口渗透率	680	0.0842151	0.1219323	0.0001537	0.62671

（二）中国出口国内附加值比重影响因素的计量模型设定

在分析中国出口国内附加值比重的影响因素时，本章使用时间序列中的单位根检验、协整检验、误差修正模型、格兰杰因果关系检验等方法，分析资本—劳动比和劳动生产率这两个变量对中国出口国内附加值比重的影响。由于中国不同要素密集型行业出口国内附加值占比之和为1①，因此，这里只以中国资本和技术密集型行业出口国内附加值占比作为因变量；考虑到本书只有20年的数据，如果使用过多的自变量，即方程(6－1)～方程(6－9)中的主要自变量和控制变量，会导致自由度过大的问题，所以，只使用资本—劳动比和劳动生产率这两个变量，而没有加入控制变量。这样做的原因主要有二个：一是根据第二章中的分析，要素禀赋和技术水平是影响一国出口国内附加值商品结构的主要因素，也是本书所最关心的影响因素；二是虽然这样做在一定程度上会存在遗漏变量的问题，可能会导致估计系数的不准确，但考虑到本书更关心的系数符号和两个主要自变量之间的系数大小的对比，因此，这也只能是在现有条件下的一种选择。

变量的说明和描述性统计如表6－2所示。

表6－2　中国出口国内附加值占比的影响因素：变量描述性统计

变量名称	变量中文名称	样本量	均值	标准差	最小值	最大值
rtva	中国资本和技术密集型行业总贸易出口国内附加值与中国总贸易出口国内附加值之比	20	0.5936384	0.0774739	0.4578986	0.6797619

① 这里的中国不同要素密集型行业出口国内附加值占比，既包括按照贸易对象（货物贸易、服务贸易）分解的不同要素密集型行业出口，也包括按照贸易品最终用途（最终品、中间品）分解的不同要素密集型行业出口，还包括二者的组合。

续表

变量名称	变量中文名称	样本量	均值	标准差	最小值	最大值
rftva	中国资本和技术密集型行业最终品出口国内附加值与中国最终品出口国内附加值之比	20	0. 5187426	0. 0792516	0. 381597	0. 6082064
ritva	中国资本和技术密集型行业中间品出口国内附加值与中国中间品出口国内附加值之比	20	0. 6628619	0. 0702528	0. 538405	0. 7481511
tkl	中国全部行业资本存量与劳动就业时间之比	20	1. 027336	0. 20604	0. 8150868	1. 387306
tlp	中国全部行业出口国内附加值与劳动就业时间之比	20	31. 1251	21. 22148	8. 931717	73. 60528
rgva	中国资本和技术密集型货物贸易行业出口国内附加值与中国货物贸易出口国内附加值之比	20	0. 6102432	0. 088524	0. 4390017	0. 6983017
rfgva	中国资本和技术密集型货物贸易行业最终品出口国内附加值与中国全部出口国内附加值之比	20	0. 5228751	0. 0875362	0. 369727	0. 6298534
rigva	中国资本和技术密集型货物贸易行业中间品出口国内附加值与中国全部出口国内附加值之比	20	0. 7119975	0. 0805745	0. 5370649	0. 7931518
gkl	中国货物贸易行业资本存量与劳动就业时间之比	20	0. 9592994	0. 1371955	0. 7675717	1. 195875
glp	中国货物贸易行业出口国内附加值与劳动就业时间之比	20	28. 7478	21. 66416	7. 799286	74. 95475
rsva	中国资本和技术密集型服务贸易行业出口国内附加值与中国服务贸易出口国内附加值之比	20	0. 5151132	0. 0662218	0. 3363238	0. 5815955
rfsva	中国资本和技术密集型服务贸易行业最终品出口国内附加值与中国全部出口国内附加值之比	20	0. 4727962	0. 0427223	0. 367057	0. 5382428

续表

变量名称	变量中文名称	样本量	均值	标准差	最小值	最大值
risva	中国资本和技术密集型服务贸易行业中间品出口国内附加值与中国全部出口国内附加值之比	20	0.5277175	0.0763718	0.3270429	0.6176971
skl	中国服务贸易行业资本存量与劳动就业时间之比	20	1.078349	0.2571196	0.7819495	1.621633
slp	中国服务贸易行业出口国内附加值与劳动就业时间之比	20	17.15587	14.285	0.994386	48.46803

二、相关数据来源

本章计算中国出口国内附加值商品结构的数据来自世界投入产出数据库中的国家间非竞争型投入产出表（WIOT），计算资本—劳动比和劳动生产率、进口渗透率、各行业总产出的相关数据来自世界投入产出数据库中的社会—经济账户表（SEA）[136][137]。

第二节　中国总贸易出口国内附加值商品结构的影响因素

本节将从出口国内附加值额与资本和技术密集型行业出口国内附加值占比两个角度，对中国总贸易（包括货物贸易和服务贸易）和总产品（包括中间品和最终品）出口国内附加值商品结构的影响因素进行实证研究。

在结构安排上，首先对中国总贸易出口国内附加值额的影响因素进行实证研究，然后对中国总贸易出口国内附加值占比的影响因素进行实证研究。

一、中国总贸易出口国内附加值额的影响因素

（一）基准回归

根据方程（6－1）～方程（6－3），表6－3的前三列显示了中国总贸易出口国内附加值额影响因素的计量结果，从中可以发现，在至少10%的显著性水平下，各变量均对中国总产品、最终品和中间品出口国内附加值额有显著影响。

表6－3　中国总贸易出口国内附加值额的影响因素：计量结果

估计方法	*tva*	*ftva*	*itva*	*tva*	*ftva*	*itva*
	固定效应	固定效应	固定效应	系统 GMM	系统 GMM	系统 GMM
因变量滞后1期	1.014535*** (8.06)	1.040385*** (9.83)	0.9449081*** (5.94)	1.026326*** (9.38)	1.029695*** (4.23)	0.8434152*** (8.80)
lp	2.578602*** (2.78)	1.474555*** (3.58)	3.164208*** (4.77)	0.872372** (2.50)	0.840484*** (3.99)	1.227299*** (3.60)
kl	5.5089*** (2.61)	3.7309** (2.37)	8.3626* (1.91)	6.5737** (2.16)	3.11933* (1.69)	7.6197*** (4.01)
output	0.063806*** (3.57)	0.025897*** (2.74)	0.052366*** (4.57)	0.038905* (1.81)	0.021899** (2.43)	0.097161*** (2.66)
gvc_position	－1.167914** (－2.13)	－4.078108* (－1.84)	－7.877556** (－2.32)	－1.391624** (－2.10)	－1.092791*** (－2.97)	－1.795039** (－2.24)
ira	－1.566473** (2.39)	－1.283964** (－2.44)	－1.7118* (－1.77)	－1.503502 (－1.89)	－1.247349** (－1.98)	－1.637501** (－2.31)
c	－7208.533 (－2.60)	－2772.604 (－1.82)	－5233.859 (－3.03)	－6133.579 (－19.75)	－6304.294 (－63.43)	－10628.9 (－14.26)
行业固定效应	是	是	是			
时间固定效应	是	是	是			

续表

估计方法	*tva*	*ftva*	*itva*	*tva*	*ftva*	*itva*
	固定效应	固定效应	固定效应	系统 GMM	系统 GMM	系统 GMM
要素密集度固定效应	是	是	是			
AR（1）统计量				-2.0776**	-2.0464*	-1.7333*
AR（2）统计量				-1.1016	0.36609	-1.1009
Sargan 统计量				28.87434	21.934	31.0145
R^2	0.9805	0.9815	0.9628			
样本量	680	680	680	680	680	680

注：小括号内为 t 值，* 表示在 10% 的显著性水平下显著，** 表示在 5% 的显著性水平下显著，*** 表示在 1% 的显著性水平下显著，*Arellano - Bond AR*（1）和 *AR*（2）检验的零假设分别是模型不存在一阶和二阶自相关，*Sargan* 统计量的原假设为工具变量是有效的。

劳动生产率和资本—劳动比两个变量对中国总产品、最终品和中间品出口国内附加值额的影响均是显著的，且系数符号为正。总体来看，资本—劳动比对三个因变量的影响大于劳动生产率对三个因变量的影响，这说明相对于劳动生产率，资本—劳动比的提高更能促进中国出口国内附加值额的增加，优化中国出口国内附加值商品结构。

劳动生产率和资本—劳动比对中国中间品出口国内附加值额的影响大于其对中国最终品出口国内附加值额的影响。

从控制变量的角度来看，行业总产出对中国总产品、最终品和中间品出口国内附加值额的影响均为正，进口渗透率和全球价值链位置对三个因变量的影响为负，上述三个变量的符号均符合前文的预期。这也说明，通过增加行业产出、减少对进口产品的依赖、提高中国在全球价值链中的位置，均可以显著提高中国出口国内附加值额。

（二）稳健性检验

考虑到可能出现的内生性问题，在稳健性检验中，本章采用系统广义矩估计（系统 GMM），对方程（6－1）～方程（6－3）进行重新估计。

在使用系统广义矩（系统 GMM）方法进行估计的过程中，将本文最关心的两个变量，即资本—劳动比和劳动生产率作为内生变量，将控制变量作为前定变量，使用被解释变量的至多 3 期滞后值和内生解释变量的 1 到 3 期滞后值作为工具变量，估计结果如表 6－3 的后 3 列所示。

根据表 6－3 中后三列的计量结果，*AR*（1）检验和 *AR*（2）检验的结果表明，系统广义矩（系统 GMM）是适用的，工具变量是有效的。

从计量结果来看，在至少 10% 的显著性水平下，各自变量均通过了显著性检验，且各变量的系数符号与使用固定效应时的系数符号相同，这说明本章的计量模型是合理的，所得到的结果是相对稳健的。

二、中国总贸易出口国内附加值占比的影响因素

（一）单位根检验

作为时间序列数据，首先要对数据进行单位根检验，以检验数据是否存在时间趋势，如果对存在时间趋势的数据进行回归，则会产生“伪回归”问题[138]。因此，这里首先使用 ADF 检验方法对三个变量进行检验。在检验是否存在单位根时，选择“存在截距项和趋势项”。检验结果如表 6－4～表 6－6 所示，其中表 6－4 显示的是中国资本和技术密集型行业总产品出口国内附加值占比的单位根检验结果，表 6－5 显示的是中国资本技术密集型行业最终品出口国内附加值占比的单位根检验结果，表 6－6 显示的是中国资本技术密集型行业中间品出口国内附加值占比的单位根检验结果。

根据表 6－4～表 6－6 的单位根检验结果可以发现，至少在 5% 的显著性水平下，每一组中的三个变量都存在一个单位根。这说明，每一组中的三个变量都是一阶单整时间序列。

表6-4　中国资本和技术密集型行业总产品出口国内附加值占比单位根检验结果

变量	不存在单位根（原假设：存在单位根）			存在一个单位根（原假设：一阶差分存在单位根）		
	t统计量	概率	5%临界值	t统计量	概率	5%临界值
rtva	-0.042541	0.9919	-3.673616	-4.022923	0.0275	-3.690814
tkl	-1.792181	0.6681	-3.673616	-4.335435	0.0155	-3.690814
tlp	-2.422507	0.3576	-3.673616	-5.310231	0.0025	-3.690814

表6-5　中国资本和技术密集型行业最终品出口国内附加值占比单位根检验结果

变量	不存在单位根（原假设：存在单位根）			存在一个单位根（原假设：一阶差分存在单位根）		
	t统计量	概率	5%临界值	t统计量	概率	5%临界值
ftva	-2.028304	0.2732	-3.673616	-3.783299	0.0116	-3.690814
tkl	-1.792181	0.6681	-3.673616	-4.335435	0.0155	-3.690814
tlp	-2.422507	0.3576	-3.673616	-5.310231	0.0025	-3.690814

表6-6　中国资本和技术密集型行业中间品出口国内附加值占比单位根检验结果

变量	不存在单位根（原假设：存在单位根）			存在一个单位根（原假设：一阶差分存在单位根）		
	t统计量	概率	5%临界值	t统计量	概率	5%临界值
ritva	-0.966684	0.9252	-3.673616	-5.143276	0.0035	-3.690814
tkl	-1.792181	0.6681	-3.673616	-4.335435	0.0155	-3.690814
tlp	-2.422507	0.3576	-3.673616	-5.310231	0.0025	-3.690814

（二）协整检验

表6-7表明，从中国资本和技术密集型行业总贸易出口国内附加值占比来看，中国资本和技术密集型行业总贸易出口国内附加值占比和中国资本—劳动比、劳动生产率之间存在至多一个协整关系。

表 6-7 中国资本和技术密集型行业总贸易出口国内附加值占比协整检验结果

原假设	特征值检验	迹检验	5%临界值	概率
不存在协整关系	0.838043	51.59134	42.91525	0.0055
至多存在一个协整关系	0.585371	18.82372	25.87211	0.2913
至多存在两个协整关系	0.152439	2.977060	12.51798	0.8793

方程（6-11）显示了三个变量之间的长期协整关系，说明中国总贸易资本—劳动比和劳动生产率对中国资本和技术密集型行业总贸易出口国内附加值的影响均为正，且劳动生产率对中国资本和技术密集型行业总贸易出口国内附加值占比的影响大于资本—劳动比对中国资本和技术密集型行业总贸易占比的影响。

$$rtva = 0.076trend^{***} + 0.012tkl^{***} + 0.02881tlp^{***} \quad (6-11)$$

$$(0.0122) \quad (0.0022) \quad (0.00667)$$

$$[6.24] \quad [5.41] \quad [4.32]$$

注：* 表示在10%的显著性水平下显著，** 表示在5%的显著性水平下显著，*** 表示在1%的显著性水平下显著，小括号内为标准差，中括号内为 t 值。

表 6-8 表明，从中国资本和技术密集型行业总贸易最终品出口国内附加值占比来看，中国资本和技术密集型行业最终品出口国内附加值占比和资本—劳动比、劳动生产率之间存在至多一个协整关系。

基于中国资本和技术密集型行业总贸易最终品出口国内附加值占比协整检验的结果，方程（6-12）显示了三个变量之间的长期协整关系，说明中国总贸易资本存量与劳动就业时间之比和劳动生产率对中国资本和技术密集型行业总贸易最终品出口国内附加值占比的影响均为正，且劳动生产率对中国资本和技术密集型行业总贸易最终品出口国内附加值占比的影响大于中国总贸易资本存量与劳动就业时间之比对中国资本和技术密集型行业总贸易最终品出口国内附加值占比的影响。

$$rftva = 0.011726trend^{***} + 0.00277tkl^{***} + 0.01156tlp^{***} \quad (6-12)$$

$$(0.00058) \quad (0.000914) \quad (0.001829)$$

$$[20.21] \quad [3.03] \quad [6.32]$$

注：* 表示在10%的显著性水平下显著，** 表示在5%的显著性水平下显著，*** 表示在1%的显著性水平下显著，小括号内为标准差，中括号内为 t 值。

表 6-8　中国资本和技术密集型行业总贸易最终品出口国内附加值占比协整检验结果

原假设	特征值检验	迹检验	5%临界值	概率
不存在协整关系	0.747027	42.42785	42.91525	0.0559
至多存在一个协整关系	0.511638	17.68738	25.87211	0.3653
至多存在两个协整关系	0.233510	4.786805	12.51798	0.6272

表 6-9 表明，从中国资本和技术密集型行业总贸易中间品出口国内附加值占比的协整关系来看，在 5% 的显著性水平下，三个变量之间存在至多一个协整关系。

根据协整关系检验结果，方程（6-13）显示了三个变量之间的长期协整关系，说明中国总贸易资本—劳动比和劳动生产率对中国资本和技术密集型行业总贸易中间品出口国内附加值占比的影响均为正，且劳动生产率对中国资本和技术密集型行业总贸易中间品出口国内附加值占比的影响小于中国总贸易资本—劳动比对中国资本和技术密集型行业总贸易中间品出口国内附加值占比的影响。

$$rftva = 0.00776trend^{***} + 0.0881tkl^{**} + 0.03121tlp^{***} \quad (6-13)$$

$$(0.000075) \qquad (0.0434) \qquad (0.00940)$$

$$[10.27] \qquad [2.03] \qquad [3.32]$$

注：* 表示在 10% 的显著性水平下显著，** 表示在 5% 的显著性水平下显著，*** 表示在 1% 的显著性水平下显著，小括号内为标准差，中括号内为 t 值。

表 6-9　中国资本和技术密集型行业总贸易中间品出口国内附加值占比协整检验结果

原假设	特征值检验	迹检验	5%临界值	概率
不存在协整关系	0.752433	42.08239	42.91525	0.0604
至多存在一个协整关系	0.538391	16.95307	25.87211	0.4185
至多存在两个协整关系	0.155321	3.038379	12.51798	0.8719

（三）误差修正模型

当变量之间存在长期协整关系时，可以进一步利用误差修正模型，根据数据的动态非均衡过程来逼近长期均衡过程[139]，即：

$$\Delta y_t = \beta_0 + \alpha(y_{t-1} - k_1 x_{t-1}) + \beta_2 \Delta x_t + u_t \tag{6-14}$$

其中，$\alpha < 0$ 为调整系数，表示在 $t-1$ 期 y_{t-1} 对于 $k_1 x_{t-1}$ 之间的偏差的调整速度。

从中国资本和技术密集型行业总贸易总产品出口国内附加值占比的影响因素来看，从方程（6－15）的结果可以发现，误差修正项 *ecm* 的系数为负，约为0.16，说明当短期偏离长期均衡状态时，会以每年约0.16的速度向长期调整。

$$\Delta rtva = -0.16ecm_{t-1}^{***} + 0.64\Delta rtva_{t-1}^{***} + 0.01\Delta tkl_{t-1}^{***} + 0.13\Delta tpl_{t-1}^{**} + 0.01^{**} \tag{6-15}$$

注：* 表示在10%的显著性水平下显著，** 表示在5%的显著性水平下显著，*** 表示在1%的显著性水平下显著。

$$\Delta rftva = -0.014ecm_{t-1}^{**} + 0.026\Delta rftva_{t-1}^{***} + 0.00182\Delta tkl_{t-1}^{**} + 0.023\Delta tpl_{t-1}^{**} + 0.011^{**} \tag{6-16}$$

注：* 表示在10%的显著性水平下显著，** 表示在5%的显著性水平下显著，*** 表示在1%的显著性水平下显著。

从中国资本和技术密集型行业总贸易最终品出口国内附加值占比的影响因素来看，从方程（6－16）的结果可以发现，误差修正项 *ecm* 的系数为负，绝对值约为0.014，说明当短期偏离长期均衡状态时，会以每年约0.014的速度向长期调整。

$$\Delta ritva = -0.021ecm_{t-1}^{***} + 0.014\Delta ritva_{t-1}^{***} + 0.0142\Delta tkl_{t-1}^{***} + 0.032\Delta tpl_{t-1}^{*} + 0.025^{*} \tag{6-17}$$

注：* 表示在10%的显著性水平下显著，** 表示在5%的显著性水平下显著，*** 表示在1%的显著性水平下显著。

从中国资本和技术密集型行业总贸易中间品出口国内附加值占比的影响因素来看，根据方程（6－17）的结果，可以发现，误差修正项 *ecm* 的系数为负，绝对值约为0.021，说明当短期偏离长期均衡状态时，会以每年约0.021的速度向长期调整。

（四）格兰杰因果关系检验

在这一部分将使用格兰杰因果关系检验，从统计学的角度分析上述三组变量之间的因果关系[140]，检验结果如表6－10所示。根据表6－10的结果可以发现以下三组结果：

第一，在至少10%的显著性水平下，资本—劳动比和劳动生产率这两个变量与中国资本和技术密集型行业总贸易出口国内附加值占中国总贸易出口国内附加值的比重之间同样存在因果关系，二者均是中国资本和技术密集型行业总贸易出口国内附加值与中国总贸易出口国内附加值之比的格兰杰原因。

第二，在至少10%的显著性水平下，资本—劳动比和劳动生产率这两个变量与中国资本和技术密集型行业总贸易最终品出口国内附加值占中国总贸易最终品出口国内附加值的比重之间存在因果关系，二者均是中国资本和技术密集型行业总贸易最终品出口国内附加值与中国最终品出口国内附加值之比的格兰杰原因。

第三，在至少10%的显著性水平下，资本—劳动比和劳动生产率这两个变量与中国资本和技术密集型行业总贸易中间品出口国内附加值占中国总贸易中间品出口国内附加值的比重之间存在因果关系，二者均是中国资本和技术密集型行业总贸易中间品出口国内附加值与中国中间品出口国内附加值之比的格兰杰原因。

表6－10　　　　格兰杰因果关系检验结果

格兰杰因果关系检验	概率值
tkl 不是 *rtva* 的格兰杰原因	0.0528
tlp 不是 *rtva* 的格兰杰原因	0.0845
tkl 不是 *rftva* 的格兰杰原因	0.0824
tlp 不是 *rftva* 的格兰杰原因	0.0756
tkl 不是 *ritva* 的格兰杰原因	0.0527
tlp 不是 *ritva* 的格兰杰原因	0.0674

第三节 中国货物贸易出口国内附加值商品结构的影响因素

本节将从中国货物贸易出口国内附加值额与中国资本和技术密集型货物贸易行业出口国内附加值占比两个角度，对中国货物贸易总产品（包括中间品和最终品）出口国内附加值商品结构的影响因素进行实证研究。

在结构安排上，首先对中国货物贸易出口国内附加值额的影响因素进行实证研究，然后对中国资本和技术密集型货物贸易行业出口国内附加值占比的影响因素进行实证研究。

一、中国货物贸易出口国内附加值额的影响因素

（一）基准回归

根据方程（6－4）～方程（6－6），表6－11的前三列显示了中国货物贸易出口国内附加值额影响因素的计量结果，从中可以发现，在至少10%的显著性水平下，各变量对中国货物贸易总产品、最终品和中间品出口国内附加值额均有显著影响。

劳动生产率和资本—劳动比两个变量对中国货物贸易总产品、最终品和中间品出口国内附加值额的影响均是显著的，且系数符号为正。总体来看，资本—劳动比对三个因变量的影响大于劳动生产率对三个因变量的影响，说明相对于劳动生产率，资本—劳动比的提高更能促进中国货物贸易出口国内附加值额的增加，优化中国货物贸易出口国内附加值商品结构。从劳动生产率和资本—劳动比这两个变量对中国货物贸易出口国内附加值额的影响来看，劳动生产率和资本—劳动比对中国货物贸易中间品出口国

内附加值额的影响大于二者对中国货物贸易最终品出口国内附加值额的影响。

表6-11　中国货物贸易出口国内附加值商品结构的影响因素：计量结果

估计方法	*gva*	*fgva*	*igva*	*gva*	*fgva*	*igva*
	固定效应	固定效应	固定效应	系统 GMM	系统 GMM	系统 GMM
因变量 滞后1期	0.989*** (29.16)	1.02476*** (37.35)	0.9357007*** (23.62)	0.980*** (5.99)	0.9758796*** (4.36)	0.8497696*** (8.49)
lp	2.737* (1.76)	1.562* (1.81)	3.874* (2.48)	1.712** (2.34)	0.9707** (2.15)	2.772* (1.98)
kl	5.358** (2.32)	4.003* (1.86)	8.567** (2.31)	6.821** (2.11)	4.948** (2.15)	8.103* (1.80)
output	0.005* (1.83)	0.001* (1.82)	0.005*** (2.61)	0.00874* (1.78)	0.00416*** (3.77)	0.01652* (1.90)
gvc_position	-1.30335** (-2.50)	-0.22673** (-1.98)	-2.34796* (-1.87)	-1.182852* (-1.93)	-0.723427*** (-3.27)	-2.645335** (-2.18)
ira	-1.60882** (-2.56)	-1.30113** (-1.97)	-2.45231** (-2.45)	-1.38219** (-1.90)	-1.2434** (-2.14)	-1.54862** (-2.25)
c	-5671.22** (-2.04)	-1466.23* (-1.86)	-5180.71** (-2.57)	-1367.3 (-0.44)	-3026.1* (-1.84)	1316.7 (0.34)
行业 固定效应	是	是	是			
时间 固定效应	是	是	是			
要素密集度 固定效应	是	是	是			
AR（1） 统计量				-1.7893*	-1.8134*	-1.7304*
AR（2） 统计量				-1.0829	0.8831	0.9358
Sargan 统计量				6.994676	6.094864	5.87316

续表

估计方法	*gva*	*fgva*	*igva*	*gva*	*fgva*	*igva*
	固定效应	固定效应	固定效应	系统 GMM	系统 GMM	系统 GMM
R^2	0.9623	0.9594	0.9621			
样本量	320	320	320	320	320	320

注：小括号内为 *t* 值，* 表示在 10% 的显著性水平下显著，** 表示在 5% 的显著性水平下显著，*** 表示在 1% 的显著性水平下显著，*Arellano - Bond AR*（1）和 *AR*（2）检验的零假设分别是模型不存在一阶和二阶自相关，*Sargan* 统计量的原假设为工具变量是有效的。

对比表 6 - 11 和表 6 - 3 可以发现，劳动生产率和资本—劳动比对中国货物贸易出口国内附加值额的影响大于上述两个变量对中国总贸易出口国内附加值额的影响。

从控制变量的角度来看，行业总产出对中国货物贸易总产品、最终品和中间品出口国内附加值额的影响均为正，进口渗透率和全球价值链位置对上述三个因变量的影响均为负。上述三个变量的符号均符合前文的预期。

（二）稳健性检验

考虑到可能出现的内生性问题，在稳健性检验中，这里采用系统广义矩估计（系统 GMM），对方程（6 - 4）~ 方程（6 - 6）进行重新估计。

在使用系统广义矩（系统 GMM）方法进行估计的过程中，将本章最关心的两个变量资本—劳动比和劳动生产率作为内生变量，将控制变量作为前定变量，使用被解释变量的至多 3 期滞后值和内生解释变量的 1 到 3 期滞后值作为工具变量，估计结果如表 6 - 11 的后三列所示。

根据表 6 - 11 中后三列的计量结果，*AR*（1）检验和 *AR*（2）检验的结果表明，系统广义矩（系统 GMM）是适用的，工具变量是有效的。

从计量结果来看，在至少 10% 的显著性水平下，各变量均通过了显著性检验，且各变量的系数符号与使用固定效应时的系统符号相同，说明本章的计量模型是合理的，所得到的结果是相对稳健的。

此外，通过和第二节表 6 - 3 中的结果的对比可以发现，无论是基准回归还是稳健性检验，各变量的系数符号均一致，这也说明了估计结果是稳健的。

二、中国资本和技术密集型货物贸易行业出口国内附加值占比的影响因素

(一) 单位根检验

根据表 6－12 ~ 表 6－14 的单位根检验结果可以发现，至少在 5% 的显著性水平下，每一组中的三个变量都存在一个单位根。这说明，每一组中的三个变量都是一阶单整时间序列。

表 6－12　中国资本和技术密集型货物贸易行业总产品出口国内附加值占比单位根检验结果

变量	不存在单位根（原假设：存在单位根）			存在一个单位根（原假设：一阶差分存在单位根）		
	t 统计量	概率	5% 临界值	t 统计量	概率	5% 临界值
rgva	－0. 042541	0. 9919	－3. 673616	－4. 022923	0. 0275	－3. 690814
gkl	－0. 735594	0. 95451	－3. 673616	－3. 539816	0. 0651	－3. 690814
glp	－1. 759367	0. 3852	－3. 673616	－4. 278067	0. 0172	－3. 690814

表 6－13　中国资本和技术密集型货物贸易行业最终品出口国内附加值占比单位根检验结果

变量	不存在单位根（原假设：存在单位根）			存在一个单位根（原假设：一阶差分存在单位根）		
	t 统计量	概率	5% 临界值	t 统计量	概率	5% 临界值
rfgva	－0. 763305	0. 9516	－3. 673616	－5. 265259	0. 0028	－3. 690814
gkl	－0. 735594	0. 95451	－3. 673616	－3. 539816	0. 0651	－3. 690814
glp	－1. 759367	0. 3852	－3. 673616	－4. 278067	0. 0172	－3. 690814

表 6－14　中国资本和技术密集型货物贸易行业中间品出口国内附加值占比单位根检验结果

变量	不存在单位根（原假设：存在单位根）			存在一个单位根（原假设：一阶差分存在单位根）		
	t 统计量	概率	5% 临界值	t 统计量	概率	5% 临界值
rigva	－1.409633	0.8240	－3.673616	－3.664076	0.0524	－3.690814
gkl	－0.735594	0.95451	－3.673616	－3.539816	0.0651	－3.690814
glp	－1.759367	0.3852	－3.673616	－4.278067	0.0172	－3.690814

（二）协整检验

表 6－15 显示了中国资本和技术密集型货物贸易行业总产品出口国内附加值占比的协整检验结果，说明三个变量之间至多存在一个协整关系。根据协整检验结果，方程（6－18）显示了三个变量之间的长期协整关系，说明资本存量与劳动就业时间之比、劳动生产率对中国资本和技术密集型货物贸易行业出口国内附加值占比的影响同样为正，且劳动生产率对中国资本和技术密集型货物贸易行业出口国内附加值占比的影响大于资本存量与劳动就业时间之比对中国资本和技术密集型货物贸易行业出口国内附加值商品结构的影响。

表 6－15　中国资本和技术密集型货物贸易行业总产品出口国内附加值占比协整检验结果

原假设	特征值检验	迹检验	5% 临界值	概率
不存在协整关系	0.713784	29.85015	29.79707	0.0493
至多存在一个协整关系	0.289621	7.331999	15.49471	0.5393
至多存在两个协整关系	0.063286	1.176791	3.841466	0.2780

$$rgva = 0.025trend^{***} + 0.014tkl^{***} + 0.845tlp^{***} \qquad (6-18)$$

$$(0.0027) \qquad (0.00217) \qquad (0.2046)$$

$$[9.24] \qquad [6.45] \qquad [4.13]$$

注：* 表示在 10% 的显著性水平下显著，** 表示在 5% 的显著性水平下显著，*** 表示在 1% 的显著性水平下显著，小括号内为标准差，中括号内为 t 值。

表6－16显示了对中国资本和技术密集型货物贸易行业最终品出口国内附加值占比的协整检验结果，说明三个变量之间存在一个协整关系。根据协整检验结果。方程（6－19）显示了三个变量之间的长期协整关系，说明中国货物贸易行业资本存量与劳动就业时间之比、劳动生产率对中国资本和技术密集型货物贸易行业最终品出口国内附加值占比的影响同样为正，且劳动生产率对中国资本和技术密集型货物贸易行业最终品出口国内附加值占比的影响大于资本存量与劳动就业时间之比对中国资本和技术密集型货物贸易行业出口国内附加值占比的影响。

表6－16　中国资本和技术密集型货物贸易行业最终品出口国内附加值占比协整检验结果

原假设	特征值检验	迹检验	5%临界值	概率
不存在协整关系	0.835302	41.18369	29.79707	0.0016
至多存在一个协整关系	0.342008	8.718096	15.49471	0.3921
至多存在两个协整关系	0.063659	1.183958	3.841466	0.2766

$$rfgva = 0.024trend^{***} + 0.126tkl^{***} + 0.529tlp^{***} \qquad (6-19)$$

$$(0.0029) \qquad (0.304) \qquad (0.1643)$$

$$[8.21] \qquad [4.14] \qquad [3.22]$$

注：* 表示在10%的显著性水平下显著，** 表示在5%的显著性水平下显著，*** 表示在1%的显著性水平下显著，小括号内为标准差，中括号内为t值。

表6－17显示了中国资本和技术密集型货物贸易行业中间品出口国内附加值占比的协整检验结果，在1%的显著性水平下，三个变量之间存在至多一个协整关系。根据协整检验结果，方程（6－20）显示了三个变量之间长期协整关系的表达式，说明资本存量与劳动就业时间之比、劳动生产率对中国资本和技术密集型货物贸易行业中间品出口国内附加值占比的影响同样为正，但劳动生产率对中国资本和技术密集型货物贸易行业中间品出口国内附加值占比的影响小于资本存量与劳动就业时间之比对中国资本和技术密集型货物贸易行业中间品出口国内附加值占比的影响。

表 6-17 中国资本和技术密集型货物贸易行业中间品出口国内附加值占比协整检验结果

原假设	特征值检验	迹检验	5%临界值	概率
不存在协整关系	0.798172	50.93791	42.91525	0.0065
至多存在一个协整关系	0.556122	22.13178	25.87211	0.1363
至多存在两个协整关系	0.341202	7.512083	12.51798	0.2941

$$rfgva = 0.0149trend^{***} + 0.149tkl^{***} + 0.0528tlp^{**} \quad (6-20)$$

$$(0.0021) \qquad (0.0478) \qquad (0.02378)$$

$$[7.21] \qquad [3.12] \qquad [2.22]$$

注：* 表示在 10% 的显著性水平下显著，** 表示在 5% 的显著性水平下显著，*** 表示在 1% 的显著性水平下显著，小括号内为标准差，中括号内为 t 值。

（三）误差修正模型

从方程（6-21）的结果可以发现，在中国资本和技术密集型货物贸易行业总产品出口国内附加值占比上，误差修正项 *ecm* 的系数为负，约为 0.20，说明当短期偏离长期均衡状态时，会以每年约 0.20 的速度向长期调整。

$$\Delta rgva = -0.20ecm_{t-1}^{***} + 0.71\Delta rgva_{t-1}^{***} + 0.04\Delta gkl_{t-1}^{***} + 0.23\Delta gpl_{t-1}^{**} + 0.06^{**} \quad (6-21)$$

注：* 表示在 10% 的显著性水平下显著，** 表示在 5% 的显著性水平下显著，*** 表示在 1% 的显著性水平下显著。

$$\Delta rfgva = -0.047ecm_{t-1}^{**} + 0.193\Delta rfgva_{t-1}^{*} + 0.0041\Delta gkl_{t-1}^{*} + 0.076\Delta gpl_{t-1}^{**} + 0.0024 \quad (6-22)$$

注：* 表示在 10% 的显著性水平下显著，** 表示在 5% 的显著性水平下显著，*** 表示在 1% 的显著性水平下显著。

根据方程（6-22）的结果，可以发现，在中国资本和技术密集型货物贸易行业最终品出口国内附加值占比上，误差修正项 *ecm* 的系数为负，绝对值约为 0.047，说明当短期偏离长期均衡状态时，会以每年约 0.047 的速度向长期调整。

根据方程（6－23）的结果，可以发现，在中国资本和技术密集型货物贸易行业中间品出口国内附加值占比上，误差修正项 *ecm* 的系数为负，绝对值约为 0. 038，说明当短期偏离长期均衡状态时，会以每年约 0. 038 的速度向长期调整。

$$\Delta rigva = -0.038ecm_{t-1}^{**} + 0.214\Delta rigva_{t-1}^{**} + 0.032\Delta gkl_{t-1}^{**} + 0.056\Delta gpl_{t-1}^{**} + 0.035 \quad (6-23)$$

注：* 表示在 10% 的显著性水平下显著，** 表示在 5% 的显著性水平下显著，*** 表示在 1% 的显著性水平下显著。

（四）格兰杰因果关系检验

使用格兰杰因果关系检验分析上述三组变量之间的因果关系，检验结果如表 6－18 所示。根据表 6－18 的结果可以发现以下几组结果：

第一，在至少 10% 的显著性水平下，资本存量与劳动就业时间之比和劳动生产率这两个变量与中国资本和技术密集型货物贸易行业出口国内附加值与中国货物贸易出口国内附加值之比之间同样存在因果关系，二者均是中国资本和技术密集型货物贸易行业出口国内附加值与中国货物贸易出口国内附加值之比的格兰杰原因。

第二，在至少 10% 的显著性水平下，中国货物贸易行业资本存量与劳动就业时间之比和劳动生产率这两个变量与中国资本和技术密集型货物贸易行业最终品出口国内附加值占中国货物贸易最终品出口国内附加值的比重之间存在因果关系，二者均是中国资本和技术密集型货物贸易行业最终品出口国内附加值占中国货物贸易最终品出口国内附加值比重的格兰杰原因。

第三，在至少 10% 的显著性水平下，中国货物贸易行业资本存量与劳动就业时间之比和劳动生产率这两个变量与中国资本和技术密集型货物贸易行业中间品出口国内附加值占中国货物贸易中间品出口国内附加值的比重之间存在因果关系，二者均是中国资本和技术密集型货物贸易行业中间品出口国内附加值占中国货物贸易中间品出口国内附加值比重的格兰杰原因。

表 6 – 18　　格兰杰因果关系检验结果

格兰杰因果关系检验	概率值
gkl 不是 *rgva* 的格兰杰原因	0.0529
glp 不是 *rgva* 的格兰杰原因	0.0935
gkl 不是 *rfgva* 的格兰杰原因	0.0544
glp 不是 *rfgva* 的格兰杰原因	0.0521
gkl 不是 *rigva* 的格兰杰原因	0.0471
glp 不是 *rigva* 的格兰杰原因	0.0671

第四节　中国服务贸易出口国内附加值商品结构的影响因素

本节将从中国出口国内附加值额与中国资本和技术密集型行业出口国内附加值占比两个角度，对中国服务贸易总产品（包括最终品和中间品）出口国内附加值商品结构的影响因素进行实证研究。

在结构安排上，首先对中国服务贸易出口国内附加值额的影响因素进行实证研究，然后对中国服务贸易出口国内附加值占比的影响因素进行实证研究。

一、中国服务贸易出口国内附加值额的影响因素

（一）基准回归

根据方程（6 – 7）~ 方程（6 – 9），表 6 – 19 的前三列显示了中国服务贸易出口国内附加值额的影响因素的计量结果。从中可以发现，在至少 10% 的显著性水平下，各变量对中国服务贸易总产品、最终品和中间品出

口国内附加值额均有显著影响。

从劳动生产率和资本—劳动比对中国服务贸易出口国内附加值额的影响来看，上述两个变量对中国服务贸易总产品、最终品和中间品出口国内附加值额的影响均是显著的，且系数符号为正；资本—劳动比对上述三个因变量的影响大于劳动生产率对上述三个因变量的影响；劳动生产率和资本—劳动比对中国服务贸易中间品出口国内附加值额的影响大于二者对中国服务贸易最终品和总产品出口国内附加值额的影响。

对比表6－19、表6－11和表6－3中劳动生产率和资本—劳动比这两个主要自变量的系数可以发现，劳动生产率和资本—劳动比对中国货物贸易出口国内附加值额的影响最大，对中国总贸易出口国内附加值额的影响次之，对中国服务贸易出口国内附加值额的影响最小。出现上述情况的原因可能在于：与服务贸易行业相比，一是货物贸易行业对资本，主要是物质资本的要求更高。根据内生经济增长理论，资本投入的增加和资本—劳动比的提高，更有可能促进中国货物贸易行业生产率水平的提高和出口国内附加值额的增加。二是在货物贸易行业中，以劳动生产率代表的技术水平更有可能随着技术进步而快速提高，从而促进货物贸易行业出口国内附加值额的增加；相对于货物贸易行业，服务贸易行业对物质资本的要求并不高，服务贸易行业的大量投资主要集中在人力资本上，而人力资本并没有体现在资本—劳动比之中，因此，资本—劳动比的增加并不一定能带来服务贸易行业技术水平的快速提升，从而不会导致服务贸易行业出口国内附加值额的快速增加。此外，由于服务贸易行业存在的“成本病”问题[141]，导致了服务贸易行业相对于货物贸易行业而言，其技术进步的程度相对缓慢，劳动生产率的提高幅度也较低。因此，通过提高劳动生产率的方式来增加中国服务贸易行业出口国内附加值额的速度也低于货物贸易行业。这也说明了，与中国货物贸易行业相比，中国服务贸易行业出口国内附加值额的增加更是一个缓慢的过程。

从控制变量的角度来看，行业总产出对中国服务贸易总产品、最终品和中间品出口国内附加值额的影响均为正，进口渗透率和全球价值链位置对上述三个因变量的影响均为负。上述三个变量的符号均符合前文的预期。

表 6－19　中国服务贸易出口国内附加值商品结构的影响因素：计量结果

估计方法	*tva*	*ftva*	*itva*	*tva*	*ftva*	*itva*
	固定效应	固定效应	固定效应	系统 GMM	系统 GMM	系统 GMM
因变量滞后 1 期	1. 020 ***	1. 041 ***	0. 952 ***	1. 039 ***	1. 039 ***	0. 903 ***
	(8. 14)	(7. 79)	(4. 55)	(7. 74)	(3. 44)	(9. 51)
lp	2. 118 *	1. 227 *	3. 002 *	3. 676 *	1. 324 *	6. 011 ***
	(1. 75)	(1. 69)	(1. 88)	(1. 84)	(1. 74)	(12. 82)
kl	2. 1241 *	2. 0518 ***	4. 4684 *	1. 444 *	1. 2925 ***	1. 7175 ***
	(1. 77)	(2. 60)	(1. 73)	(1. 75)	(4. 43)	(5. 45)
output	0. 00647 ***	0. 00295 **	0. 00515 ***	0. 00459 ***	0. 00349 ***	0. 00672 ***
	(2. 67)	(2. 17)	(3. 43)	(3. 84)	(9. 58)	(3. 89)
gvc_position	－1. 122890 *	－2. 96554 *	－4. 881268 *	－1. 342748 ***	－1. 13106 ***	－1. 801215 ***
	(－1. 75)	(－1. 73)	(－1. 91)	(－8. 30)	(－7. 73)	(－6. 23)
ira	－1. 0109 *	－0. 80942 **	－1. 0654 **	－1. 80606 ***	－1. 5239 ***	－2. 3787. 3 ***
	(－1. 67)	(－2. 29)	(－2. 00)	(8. 94)	(7. 63)	(3. 53)
c	1928. 2	3903. 7	57. 50	6722. 7 ***	－7090. 9 ***	－1209. 4 ***
	(0. 22)	(1. 78)	(1. 01)	(9. 08)	(－9. 12)	(－3. 93)
行业固定效应	是	是	是			
时间固定效应	是	是	是			
要素密集度固定效应	是	是	是			
AR (1) 统计量				－1. 736 *	－1. 7512 *	－1. 851 *
AR (2) 统计量				－1. 4639	0. 24405	－1. 3522
Sargan 统计量				15. 33495	15. 93905	14. 5151
R^2	0. 9833	0. 9830	0. 9660			
样本量	360	360	360	360	360	360

注：小括号内为 t 值，* 表示在 10% 的显著性水平下显著，** 表示在 5% 的显著性水平下显著，*** 表示在 1% 的显著性水平下显著，*Arellano－Bond AR*（1）和 *AR*（2）检验的零假设分别是模型不存在一阶和二阶自相关，*Sargan* 统计量的原假设为工具变量是有效的。

（二）稳健性检验

考虑到可能出现的内生性问题，在稳健性检验中，与第二节和第三节类似，本节也采用系统广义矩估计（系统 GMM），对方程（6－4）~方程（6－6）进行重新估计。

在使用系统广义矩（系统 GMM）方法进行估计的过程中，将资本—劳动比和劳动生产率作为内生变量，将控制变量作为前定变量，使用被解释变量的至多 3 期滞后值和内生解释变量的 1 到 3 期滞后值作为工具变量，估计结果如表 6－19 的后三列所示。

根据表 6－19 中后三列的计量结果，*AR*（1）检验和 *AR*（2）检验的结果表明，系统广义矩（系统 GMM）是适用的，工具变量是有效的。

从计量结果来看，在至少 10% 的显著性水平下，各变量均通过了显著性检验，且各变量的系数符号与使用固定效应时的系数符号相同。这说明，本计量模型是合理的，所得到的结果是相对稳健的。

此外，通过对比第二节表 6－3、第三节表 6－11 中的结果可以发现，无论是基准回归还是稳健性检验，各变量的系数符号均一致，这也说明了估计结果是稳健的。

二、中国资本和技术密集型服务贸易行业出口国内附加值占比的影响因素

（一）单位根检验

根据表 6－20 ~ 表 6－22 的单位根检验结果可以发现，至少在 5% 的显著性水平下，每一组中的三个变量都存在一个单位根。这说明，每一组中的三个变量都是一阶单整时间序列。

表 6-20　中国资本和技术密集型服务贸易行业总产品出口国内附加值占比单位根检验结果

变量	不存在单位根（原假设：存在单位根）			存在一个单位根（原假设：一阶差分存在单位根）		
	t 统计量	概率	5% 临界值	t 统计量	概率	5% 临界值
rsva	-0.959035	0.9264	-3.673616	-3.012201	0.0527	-3.690814
skl	-1.324351	0.5914	-3.673616	-3.789995	0.0147	-3.690814
slp	-0.482365	0.9747	-3.673616	-3.662959	0.0525	-3.690814

表 6-21　中国资本和技术密集型服务贸易行业最终品出口国内附加值占比单位根检验结果

变量	不存在单位根（原假设：存在单位根）			存在一个单位根（原假设：一阶差分存在单位根）		
	t 统计量	概率	5% 临界值	t 统计量	概率	5% 临界值
rfsva	-2.716795	0.2412	-3.673616	-4.693130	0.0119	-3.690814
skl	-1.324351	0.5914	-3.673616	-3.789995	0.0147	-3.690814
slp	-0.482365	0.9747	-3.673616	-3.662959	0.0525	-3.690814

表 6-22　中国资本和技术密集型服务贸易行业中间品出口国内附加值占比单位根检验结果

变量	不存在单位根（原假设：存在单位根）			存在一个单位根（原假设：一阶差分存在单位根）		
	t 统计量	概率	5% 临界值	t 统计量	概率	5% 临界值
risva	-2.385046	0.3744	-3.673616	-5.277698	0.0027	-3.690814
skl	-1.324351	0.5914	-3.673616	-3.789995	0.0147	-3.690814
slp	-0.482365	0.9747	-3.673616	-3.662959	0.0525	-3.690814

（二）协整检验

表 6-23 表明，三个变量之间至多存在一个协整关系，方程（6-24）显示了三个变量之间的长期协整关系，说明中国服务贸易行业资本存量与劳动就业时间之比和劳动生产率对中国资本和技术密集型服务贸易行业总产品出口国内附加值占比的影响均为正，且劳动生产率对中国资本和技术密

集型服务贸易行业出口国内附加值占比的影响大于资本存量与劳动就业时间之比对中国资本和技术密集型服务贸易行业出口国内附加值占比的影响。

表6-23　中国资本和技术密集型服务贸易行业总产品出口国内附加值占比协整检验结果

原假设	特征值检验	迹检验	5%临界值	概率
不存在协整关系	0.822968	31.16565	21.13162	0.0014
至多存在一个协整关系	0.491090	12.15870	14.26460	0.1048
至多存在两个协整关系	0.000483	0.008691	3.841466	0.9254

$$rsva = \underset{\substack{(0.00116)\\ [10.71]}}{0.012428trend^{***}} + \underset{\substack{(0.00036)\\ [12.59]}}{0.004533skl^{***}} + \underset{\substack{(0.11001)\\ [3.90]}}{0.42865slp^{***}} \qquad (6-24)$$

注：*表示在10%的显著性水平下显著，**表示在5%的显著性水平下显著，***表示在1%的显著性水平下显著，小括号内为标准差，中括号内为t值。

表6-24显示了中国资本和技术密集型服务贸易行业最终品出口国内附加值占比和服务贸易行业资本—劳动比、劳动生产率之间存在唯一一个协整关系。方程（6-25）显示了三个变量之间的长期协整关系，说明中国服务贸易资本存量与劳动就业时间之比和劳动生产率对中国资本和技术密集型服务贸易行业最终品出口国内附加值占比的影响均为正，且劳动生产率对中国资本和技术密集型服务贸易行业最终品出口国内附加值占比的影响大于中国服务贸易资本存量与劳动就业时间之比对中国资本和技术密集型服务贸易行业最终品出口国内附加值占比的影响。

表6-24　中国资本和技术密集型服务贸易行业最终品出口国内附加值占比协整检验结果

原假设	特征值检验	迹检验	5%临界值	概率
不存在协整关系	0.829945	44.62964	29.79707	0.0005
至多存在一个协整关系	0.495796	12.74021	15.49471	0.1247
至多存在两个协整关系	0.022753	0.414281	3.841466	0.5198

$$rfsva = 0.047trend^{***} + 0.008skl^{*} + 1.309slp^{**} \quad (6-25)$$

$$(0.0090) \qquad (0.0047) \quad (0.5642)$$

$$[5.20] \qquad [1.71] \quad [2.32]$$

注：* 表示在10%的显著性水平下显著，** 表示在5%的显著性水平下显著，*** 表示在1%的显著性水平下显著，小括号内为标准差，中括号内为t值。

表6－25显示了在10%的显著性水平下，中国资本和技术密集型服务贸易行业中间品出口国内附加值占比和中国服务贸易行业资本—劳动比、劳动生产率之间存在唯一一个协整关系。方程（6－26）显示了三个变量之间的长期协整关系，说明中国服务贸易行业资本存量与劳动就业时间之比和劳动生产率对中国资本和技术密集型服务贸易行业中间品出口国内附加值占比的影响均为正，且劳动生产率对中国资本和技术密集型服务贸易行业中间品出口国内附加值占比的影响大于资本存量与劳动就业时间之比对中国资本和技术密集型服务贸易行业中间品出口国内附加值占比的影响。

表6－25　中国资本和技术密集型服务贸易行业中间品出口国内附加值占比协整检验结果

原假设	特征值检验	迹检验	5%临界值	概率
不存在协整关系	0.932005	48.38990	25.82321	0.0000
至多存在一个协整关系	0.620113	17.42187	19.38704	0.0943
至多存在两个协整关系	0.319835	6.937546	12.51798	0.3511

$$rfsva = 0.02852trend^{***} + 0.0107skl^{**} + 0.0285slp^{**} \quad (6-26)$$

$$(0.007095) \qquad (0.0044) \qquad (0.0123)$$

$$[4.02] \qquad [2.41] \qquad [2.32]$$

注：* 表示在10%的显著性水平下显著，** 表示在5%的显著性水平下显著，*** 表示在1%的显著性水平下显著，小括号内为标准差，中括号内为t值。

通过对中国资本和技术密集型服务贸易行业出口国内附加值占比（包括总产品、最终品和中间品出口国内附加值占比）协整检验结果和中国资本和技术密集型货物贸易行业出口国内附加值占比（包括总产品、最终品和中间品出口国内附加值占比）协整检验结果、中国总贸易资本和技术密集型行业（包括货物贸易行业和服务贸易行业）出口国内附加值占比的协整检验结果，可以发现：资本—劳动比和劳动生产率对中国资本和技术密集型货物贸易行业出口国内附加值占比的影响最大，对中国总贸易资本和技术密集型行业出口国内附加值占比的影响次之，对中国资本和技术密集型服务贸易行业出口国内附加值占比的影响最小。这一结果不仅与前文中对上述两个变量对中国总贸易出口国内附加值额影响的检验结果一致，而且与前文中对中国货物贸易和服务贸易出口国内附加值额影响因素的差异的检验结果相一致。

（三）误差修正模型

从方程（6-27）的结果可以发现，在中国资本和技术密集型服务贸易行业总产品出口国内附加值占比上，误差修正项 *ecm* 的系数为负，约为 0.18。这说明，当短期偏离长期均衡状态时，会以每年约 0.18 的速度向长期调整。

$$\Delta rsva = -0.18ecm_{t-1}^{***} + 0.45\Delta rsva_{t-1}^{***} + 0.07\Delta skl_{t-1}^{***} + 0.15\Delta spl_{t-1}^{**} + 0.04^{**} \qquad (6-27)$$

注：* 表示在 10% 的显著性水平下显著，** 表示在 5% 的显著性水平下显著，*** 表示在 1% 的显著性水平下显著。

$$\Delta rfsva = -0.73ecm_{t-1}^{**} + 0.015\Delta rfsva_{t-1}^{***} + 0.022\Delta skl_{t-1}^{**} + 0.14\Delta spl_{t-1}^{***} + 0.069^{**} \qquad (6-28)$$

注：* 表示在 10% 的显著性水平下显著，** 表示在 5% 的显著性水平下显著，*** 表示在 1% 的显著性水平下显著。

从方程（6-28）的结果可以发现，在中国资本和技术密集型服务贸易行业最终品出口国内附加值占比上，误差修正项 *ecm* 的系数为负，绝对值约为 0.73。这说明，当短期偏离长期均衡状态时，会以每年约 0.73 的速度向长期调整。

从方程（6-29）的结果可以发现，在中国资本和技术密集型服务贸易行业中间品出口国内附加值占比上，误差修正项 *ecm* 的系数为负，绝对值约为0.71。这说明，当短期偏离长期均衡状态时，会以每年约0.71的速度向长期调整。

$$\Delta risva = -0.71ecm_{t-1}^{**} + 0.22\Delta risva_{t-1}^{***} + 0.031\Delta skl_{t-1}^{***} + 0.18\Delta spl_{t-1}^{**} + 0.05^{**} \quad (6-29)$$

注：* 表示在10%的显著性水平下显著，** 表示在5%的显著性水平下显著，*** 表示在1%的显著性水平下显著。

（四）格兰杰因果关系检验

使用格兰杰因果关系，用计量方法检验分析上述三组变量之间的因果关系，检验结果如表6-26所示，从中可以发现以下三组结果：

第一，在至少5%的显著性水平下，中国服务贸易行业资本存量与劳动就业时间之比和劳动生产率这两个变量与中国资本和技术密集型服务贸易行业出口国内附加值同中国服务贸易总产品出口国内附加值之比之间同样存在因果关系，二者均是中国资本和技术密集型服务贸易行业出口国内附加值与中国服务贸易行业总产品出口国内附加值之比的格兰杰原因。

第二，在至少5%的显著性水平下，中国服务贸易行业资本存量与劳动就业时间之比和劳动生产率这两个变量与中国资本和技术密集型服务贸易行业最终品出口国内附加值占中国服务贸易最终品出口国内附加值的比重之间存在因果关系，二者均是中国资本和技术密集型服务贸易行业最终品出口国内附加值占中国服务贸易行业最终品出口国内附加值比重的格兰杰原因。

第三，在至少5%的显著性水平下，中国服务贸易行业资本存量与劳动就业时间之比和劳动生产率这两个变量与中国资本和技术密集型服务贸易行业中间品出口国内附加值占中国服务贸易中间品出口国内附加值的比重之间存在因果关系，二者均是中国资本和技术密集型服务贸易行业中间品出口国内附加值占中国服务贸易中间品出口国内附加值比重的格兰杰原因。

表 6－26　　格兰杰因果关系检验结果

格兰杰因果关系检验	概率值
skl 不是 *sva* 的格兰杰原因	0.0036
slp 不是 *sva* 的格兰杰原因	0.0113
skl 不是 *fsva* 的格兰杰原因	0.0124
slp 不是 *fsva* 的格兰杰原因	0.0432
skl 不是 *isva* 的格兰杰原因	0.0135
slp 不是 *isva* 的格兰杰原因	0.0256

本章小结

本章主要从中国出口国内附加值额和中国资本和技术密集型行业出口国内附加值占比的角度，以资本—劳动比和劳动生产率作为主要自变量，从总产品、最终品和中间品出口这三个维度，并从总贸易、货物贸易和服务贸易这三个层面，采用计量经济学中的固定效应模型、系统广义矩估计（系统 GMM）、单位根检验、协整检验、误差修正模型和格兰杰因果关系检验等方法，对中国出口国内附加值商品结构的影响因素进行了实证研究，从中得到的主要结论如下：

（1）从中国出口国内附加值额的影响因素来看，劳动生产率和资本—劳动比对中国出口国内附加值额的影响均为正，但资本—劳动之比对中国出口国内附加值额的影响更大。

（2）劳动生产率和资本—劳动比对中国中间品出口国内附加值额的影响大于二者对中国最终品出口国内附加值额的影响，这一结论同样适用于二者对中国总贸易、货物贸易和服务贸易出口国内附加值额的影响。

（3）行业总产出对中国出口国内附加值额的影响为正，进口渗透率和全球价值链位置对中国出口国内附加值额的影响为负，这一结论既适用于中国总贸易、货物贸易和服务贸易出口国内附加值额，也适用于中国总产品、最终品和中间品出口国内附加值额。

（4）从中国资本和技术密集型行业出口国内附加值占比上看，资本—劳动比和劳动生产率与中国资本和技术密集型行业总贸易、货物贸易和服务贸易出口国内附加值占比这三个变量之间均表现出长期稳定的协整关系；上述两个变量均为中国资本和技术密集型行业总贸易、货物贸易和服务贸易出口国内附加值占比的格兰杰原因；上述两个变量对中国资本和技术密集型行业总贸易、货物贸易和服务贸易出口国内附加值占比的影响均为正；劳动生产率对上述三个变量的影响程度总体上大于资本—劳动比对上述三个变量的影响程度。

（5）从资本—劳动比和劳动生产率对中国资本和技术密集型行业总贸易、货物贸易和服务贸易出口国内附加值占比的影响差异来看，总体来讲，上述两个变量对中国资本和技术密集型货物贸易行业出口国内附加值占比的影响最大，对中国资本和技术密集型服务贸易行业出口国内附加值占比的影响最小。

（6）从资本—劳动比和劳动生产率对中国资本和技术密集型行业总产品、最终品和中间品出口国内附加值占比的影响差异来看，这两个变量对中国资本和技术密集型行业中间品出口国内附加值占比的影响最大，对中国资本和技术密集型行业最终品出口国内附加值占比的影响最小。

第七章

主要结论与政策启示和建议

本书主要基于世界投入产出数据库中 1995～2014 年的相关数据，从贸易附加值结构的视角，将中国出口中的国内附加值按照贸易对象分为总贸易（包括货物贸易和服务贸易）出口国内附加值、货物贸易出口国内附加值和服务贸易出口国内附加值，按照贸易品的最终用途分为总产品出口国内附加值、最终品出口国内附加值和中间品出口国内附加值。在此基础上，从中国不同要素密集型行业出口国内附加值额和各行业出口国内附加值占比两个维度，较为系统地分析了中国出口国内附加值商品结构的变化特点、原因及趋势。在此之后，从理论和实证两个方面，以资本—劳动比和劳动生产率作为自变量，比较深入地分析了中国不同要素密集型行业出口国内附加值额及其占比的影响（决定）因素。

第一节　主要结论

一、关于中国出口国内附加值额分析的主要结论

（1）无论是在中国货物贸易最终品与中间品出口中，还是在中国服务贸易最终品与中间品出口中，中国资本和技术密集型行业、劳动密集型行业出口中的国内附加值都是在不断增加的。

（2）中国出口国内附加值主要来自中国货物贸易行业出口，且主要来源于其中间品出口。但是，在 2012～2014 年，最终品出口国内附加值增加较快，并已超过中间品出口国内附加值。

二、关于中国不同要素密集型行业出口国内附加值占比分析的主要结论

（1）中国资本和技术密集型行业出口国内附加值占中国总贸易、货物

贸易、服务贸易和中国总产品、最终品、中间品出口国内附加值的比重总体上都是在不断上升的。

（2）中国货物贸易出口国内附加值主要是由中国资本和技术密集型行业创造的，中国服务贸易出口国内附加值则主要是由中国劳动密集型行业创造的，即中国资本和技术密集型货物贸易行业出口国内附加值占中国货物贸易出口国内附加值的比重较高，中国劳动密集型服务贸易行业出口国内附加值占中国服务贸易出口国内附加值的比重较高。

（3）无论是中国总产品出口国内附加值商品结构，还是最终品或是中间品出口国内附加值商品结构，都是在不断优化的，且中间品出口国内附加值商品结构变化指数的变动幅度大于最终品和总产品出口国内附加值商品结构变化指数的变动幅度。

（4）中国资本和技术密集型行业中间品出口国内附加值占比高于其最终品出口国内附加值占比，且其占中国总贸易中间品出口国内附加值的比重在各年度的变化幅度高于其占中国总贸易最终品出口国内附加值比重的变化幅度。

三、实证分析所得出的主要结论

以资本—劳动比和劳动生产率作为自变量，以出口国内附加值商品结构作为因变量，从中国各行业出口国内附加值额与占比两个维度，在中国总贸易、货物贸易和服务贸易出口三个方面，从中国总产品、中间品和最终品出口三个层面，进行实证分析所得出的主要结论如下：

（1）从中国各行业出口国内附加值额的影响因素来看，劳动生产率和资本—劳动比对中国各行业出口国内附加值额的影响均为正，但资本—劳动比的影响更大。

（2）劳动生产率和资本—劳动比对中国各行业中间品出口国内附加值额的影响大于其对各行业最终品出口国内附加值额的影响。这一结论同样适用于中国总贸易出口、货物贸易出口和服务贸易出口国内附加值商品结构。

（3）资本—劳动比和劳动生产率与中国资本和技术密集型行业在总贸易、货物贸易和服务贸易出口国内附加值中的占比这三个变量之间均表现出长期稳定的协整关系；上述两个变量均为中国资本和技术密集型货物贸易行业和资本和技术密集型服务贸易行业出口国内附加值占比的格兰杰原因；上述两个变量对中国资本和技术密集型货物贸易行业和资本和技术密集型服务贸易行业出口国内附加值占比的影响均为正；劳动生产率对中国资本和技术密集型货物贸易行业和资本和技术密集型服务贸易行业出口国内附加值占比的影响程度总体上大于资本—劳动比对上述两个变量的影响程度。

（4）从资本—劳动比和劳动生产率对中国资本和技术密集型总贸易行业、中国资本和技术密集型货物贸易行业、中国资本和技术密集型服务贸易行业出口国内附加值占比的影响的差异来看，总体来讲，这两个变量对中国资本和技术密集型货物贸易行业出口国内附加值占比的影响最大，对中国资本和技术密集型服务贸易行业出口国内附加值占比的影响最小。

（5）从资本—劳动比和劳动生产率对中国资本和技术密集型行业总产品、最终品和中间品出口国内附加值占比的影响的差异来看，这两个变量对中国资本和技术密集型行业中间品出口国内附加值占比的影响最大，对中国资本和技术密集型行业最终品出口国内附加值占比的影响最小。

第二节　政策启示和建议

虽然中国出口国内附加值商品结构在不断优化，但在中国出口中，特别是在传统意义上的资本和技术密集型行业出口中，国内附加值占比仍然相对较低。本书实证研究的结果也证明了，资本—劳动比和劳动生产率与中国出口国内附加值商品结构之间存在长期、稳定的正向因果关系。因此，提高中国要素禀赋水平，特别是提高资本存量和劳动生产率，将有助于优化中国出口国内附加值商品结构，提高中国资本和技术密集型行业出口国内附加值在中国出口国内附加值中的比重。

进一步优化中国出口国内附加值商品结构、提高中国出口国内附加值和中国出口贸易收益，是中国由贸易大国走向贸易强国的必由之路。从贸易大国走向贸易强国在很大程度上是从廉价产品出口国走向优质高价产品出口国的过程（姚枝仲，2019[142]）。在“福特制”下，这一过程主要体现在资本和技术密集型产品出口在一国出口中的比重不断提高，一国出口商品结构不断优化。但是，在全球价值链分工背景下，真正决定一国出口贸易收益的不再是出口的绝对数量和结构，而是一国出口国内附加值的数量和结构。因此，从贸易大国走向贸易强国将主要体现在以下两个方面：一是一国出口产品的国内附加值不断提高；二是资本和技术密集型行业出口国内附加值占全部出口国内附加值的比重逐渐上升，即出口国内附加值是由资本和技术密集型行业而非由劳动密集型行业创造的。从中国出口国内附加值的情况来看，一是对贸易总量而言，中国出口国内附加值仍然相对较低，特别是资本和技术密集型行业出口国内附加值占比较低；二是从结构上看，在中国出口国内附加值中，劳动密集型行业占比相对较高，资本和技术密集型行业占比相对较低。虽然目前中国出口国内附加值商品结构不断优化，但上述趋势并没有发生明显的改变。因此，如果要真正实现从贸易大国向贸易强国的转变，那么，提高中国出口国内附加值，优化中国出口国内附加值商品结构，就成为必然选择之一。所以，进一步优化中国出口国内附加值商品结构，提高中国出口国内附加值和中国出口贸易收益，是中国由贸易大国走向贸易强国的必由之路。

优化中国出口国内附加值结构的基础是进一步优化中国要素禀赋结构，进一步提高资本和技术这两种生产要素在中国要素禀赋中的地位。根据经典国际贸易理论，提高一国出口国内附加值，优化出口国内附加值商品结构，其关键因素还是在于一国要素禀赋的变化，即通过优化一国出口的要素禀赋，提高资本和技术在一国要素禀赋中的比例，才能在符合比较优势的条件下，提高出口国内附加值，优化出口国内附加值商品结构，增加出口收益，从而实现由贸易大国向贸易强国的转变。本书的实证研究结果也证明了，资本—劳动比和劳动生产率与中国出口国内附加值商品结构之间存在长期、稳定的正向因果关系。因此，提高中国要素禀赋水平将有助于优化中国出口国内附加值商品结构、提高中国出口国内附加值、增加中国出口收益。

提高中国要素禀赋水平，优化中国要素禀赋结构，最重要的两种生产要素是资本和技术。对于资本，在中国始终保持着较高储蓄率的情况下，进一步提高资本在全部生产要素中的比例的空间已经不大。因此，更为重要的应该包括以下两个方面：一是要通过产业政策和货币政策，引导资本由虚拟经济转向实体经济，防止资本在虚拟经济中"空转"。这不仅会增加中国的金融风险，也不利于中国对于资本这种生产要素的有效利用，同样不利于中国出口国内附加值商品结构的优化和中国出口国内附加值的提高。二是要进一步扩大和优化对于外资的利用。虽然目前国内学术界对于在现阶段是否应该进一步加大利用外资程度的优劣仍有争论，但不能否认的是，中国目前的人均资本存量仍然不高，且大量资本并未进入实体经济，这也导致了中国无法提高人均资本存量。在这种情况下，进一步扩大引进外资，优化外资的投资渠道和利用领域，仍不失为一种在短期内提高中国资本这种要素禀赋，并进一步提高中国资本—劳动比，从而优化中国出口国内附加值商品结构的办法之一。所以，我国各级政府可以根据实际情况，有步骤地扩大外资的市场准入，进一步完善和缩减外商准入负面清单，突出市场机制对外资的引导作用。

对于技术，同样包括两个方面：一是通过教育，提高企业员工的素质，真正地将劳动力转化人力资本。这就要求：一是采用必要的宏观经济政策，扩大教育支出，提高基础教育和高等教育水平，真正培养出适应全球经济一体化条件下的高素质人才；二是要鼓励企业对员工的继续教育，鼓励大中专院校和企业之间在教育培训方面的合作，从而真正实现人才向人力资本的转化；三是鼓励促进产学研结合，将科学转化为技术。

在短期内无法通过上述措施来优化中国出口国内附加值商品结构的情况下，进一步扩大对外开放，减少对国外生产要素以及最终品进入中国的限制，会是较快优化中国出口国内附加值商品结构的有效办法。因此，进一步减少对国外进口产品的限制，扩大对外开放的广度、深度和力度，会是优化中国出口国内附加值商品结构的有效策略之一。

相对于贸易大国，贸易强国更突出在进口方面的作用（冯雷，2014[143];毛日昇，2019[144]）。在全球价值链分工背景下，进口对于一国的作用不再单纯地体现在降低由本国相对稀缺生产要素生产的产品的价格。进口中间品，一是可以通过增加高质量的中间投入品，扩大出口；二是可以产生技术外溢效应，提高国内的技术水平，从而提高出口国内附加值；三是从贸易政策的角度来看，鼓励高质量最终品的进口，不仅可以满足人们对更高品质生活的追求，同时也是在外贸形势不确定条件下，减少其他国家对中国进口限制的手段之一。因此，在短期内，通过进一步减少对国外生产要素，特别是高技术含量中间品和最终品的限制，通过减少进口限制可以有效地提高中国出口国内附加值，特别是中国资本、技术密集型行业的出口国内附加值，优化中国出口国内附加值商品结构，进而优化中国出口贸易商品结构。

加快“走出去”步伐，构建以中国为核心的“一带一路”区域价值链，为中国优化出口国内附加值商品结构搭建广阔载体。截至2020年1月底，我国已与30个国际组织、138个国家签署了200份共建“一带一路”的合作文件。扩大对“一带一路”沿线国家和地区的直接投资，将有助于中国重新设计真正属于中国的价值链，在价值链的利益分配中占据有利甚或主导地位。将部分非核心环节转移到“一带一路”沿线地区，通过承担附加值较高的上游研发、设计环节以及下游的销售等环节，有效实现我国产业向全球价值链更高环节的提升，必将助力于中国出口国内附加值商品结构的优化。对于主导“一带一路”区域价值链，中国具备一定的优势和条件，作为全球最大的增加值贸易国和价值链中最大的中间品供应国，中国中间品贸易额占进口贸易总额的75%，与“一带一路”沿线国家的附加值贸易占比已将近30%[145]。因此，中国应通过“差异化”的发展战略进行产业合作，以“中国技术”与“自然资源+劳动力”的方式将附加值较低、非核心的产业向沿线欠发达国家转移，同时从沿线发达经济体引进先进技术、管理经验以及相关的战略性新兴产业，尤其是针对某一产品的关键部位和环节应增强企业的自主创新能力，致力于核心的技术打造。提升国内知识和技术密集型行业出口国内附加值占全部出口国内附加值的比重。与此同时，完善中国在“一带一路”沿线的生产服务网络，以金融、科技、商贸等资本和技术密集型服务业的发展提升对沿线国家的服务供给能力，进而提高中国资本技术密集型服务贸易行业出口国内附加值的比重，优化中国服务贸易出口国内附加值商品结构。

积极应对美国在全球价值链分工中边缘化中国的企图，优化中国出口国内附加值商品结构，掌握在全球价值链分工体系中的主导权。2017 年 8 月美国对华发起了“301 调查”，自此美国不断挑起贸易争端。中美贸易摩擦带来了全球范围内生产分工格局的重组，同时也倒逼中国加快国内经济结构调整，转变在全球价值链分工中的格局定位。在中美两国传统的贸易格局中，美国以科技实力和服务优势处于“微笑曲线”的两端，进而获得了高附加值的利润，而中国则以资源和劳动力优势处于“微笑曲线”的中段，双方在全球价值链上处于优势互补、相互依赖的地位。自 2008 年金融危机之后，中国努力推进产业结构升级并加快研发具有自主知识产权的核心技术，同时加强客户导向的营销与服务，整体提升了出口商品的国内附加值，逐步向“微笑曲线”的两端攀升。美国政府认为，中国在高端制造、创新和科技领域提升竞争力，对美国在全球经济、科技领域的霸主地位构成了挑战，因此不断挑起对华贸易摩擦对中国进行战略压制。对此，中国应更加积极主动地融入全球价值链分工体系，加快具备自主知识产权的核心技术的研发，扶持自主创新技术和产品进入国际市场；不断提升技术和知识密集型出口商品国内附加值占比，推进数字化、网络化、智能化技术在各领域的广泛应用；同时，推动企业技术进步和产品质量提升，进一步增强国内高科技含量中间品尤其是关键零部件的国内配套生产能力，降低对国外供应链的依赖，并积极扩大高科技含量中间品和先进生产技术的进口，逐渐优化出口的最终品和中间品国内附加值商品结构，掌握在全球价值链分工体系中的主导权，以应对美国在全球价值链分工中“边缘化”中国的企图。

加快贸易和投资自由化和便利化的步伐，努力推动签署全面经济伙伴关系协定，进一步促进商品和服务贸易的自由流动，降低我国出口厂商的交易成本。国务院总理李克强在 2020 年十三届全国人大三次会议上所作的政府工作报告中明确提出，“促进贸易和投资自由化便利化，推动签署区域全面经济伙伴关系协定”[146]。实现生产要素的自由流动，可以有效地降低中国出口企业的交易成本；进口中间品质量的提高，出口交易成本的降低，可以促进中国资本和技术密集型行业技术水平的提高和出口国内附加值的增加；原材料进口成本的降低，可以提高中国劳动密集型行业的出口国内附加值。因此，加快贸易和投资自由化便利化和市场化进程，推动签署区域全面经济伙伴关系协定，有利于优化中国出口国内附加值商品结构。

衔接全球价值链和国内价值链，实现资源的优化组合和配置。中国在参与全球价值链的过程中，面临的一个主要问题就是全球价值链与国内价值链之间的脱节。这导致全球价值链无法真正惠及国内生产环节，国内先进的技术和资本，无法融入全球价值链之中，也阻碍了中国出口国内附加值商品结构的优化和中国出口国内附加值的提高。当前，国际经贸形势不确定性很大。因此，衔接全球价值链和国内价值链，实现资源的优化配置，将国内的优质资源真正融入全球价值链当中，无疑有助于优化中国出口国内附加值商品结构，增加中国出口国内附加值。

参 考 文 献

[1] Yi, K M.. Can Vertical Specialization Explain the Growth of World Trade? [J]. Journal of Political Economy, 2003, 111 (1): 52 – 102.

[2] Yi, K M.. Can Multistage Production Explain the Home Bias in Trade? [J]. The American Economic Review, 2010, 100 (1): 364 – 393.

[3] 余心玎，杨军，王苒，王直．全球价值链背景下中间品贸易政策的选择[J]. 世界经济研究，2016 (12): 47 – 59, 133.

[4] Hummels, D., Ishii, J. and Yi, Kei – Mu. The Nature and Growth of Vertical Specialization in World Trade [J]. Journal of International Economics, 2001 (54): 75 – 96.

[5] 张莉，鲍晓华．外包量化方法的新进展：文献述评[J]. 财贸经济，2010 (2): 92 – 97.

[6] Miroudot, S. Global Supply Chains, the Great Trade Collapse and Beyond: More Elasticity or More Volatility [Z]. Global Forum on Trade Statistics, 2011, April (8). 2 – 4.

[7] 裴长洪，高培勇．出口退税与中国对外贸易[M]. 北京：社会科学文献出版社，2008: 2 – 3.

[8] 中国科学院数学与系统科学研究院．全球价值链与中国贸易增加值核算研究报告 (2018) [R]. 2018 年度商务部课题，2018.

[9] 百度百科．结构 [EB/OL]. https://baike.baidu.com/item/%E7%BB%93%E6%9E%84/33804?fr=aladdin.

[10] Porter, Michael. E. 竞争优势 [M]. 陈丽芳，译．中信出版社，

2014：213.

［11］ Gereffi G. Beyond the Producer – driven/Buyer – driven Dichotomy：The Evolution of Global Value Chains in the Internet era［J］. IDS BulIetin，2001，32：30 –40.

［12］ Yu，M.. Processing Trade，Tariff Reductions and Firm Productivity：Evidence from Chinese Firms［J］. The Economic Journal，2015，125（585）：943 –988.

［13］ 徐崇温．结构主义与后结构主义［M］．沈阳：辽宁人民出版社，1986：16.

［14］ 张曙霄．中国对外贸易结构论［M］．北京：中国经济出版社，2003：19.

［15］ 姚枝仲．中国贸易结构的变动：2001—2008［J］．国际经济评论，2008（11）：28 –30.

［16］ 项俊波．结构经济学——从结构视角看中国经济［M］．北京：中国人民大学出版社，2009：2.

［17］ 蒋庚华．中国服务贸易结构问题研究［D］．东北师范大学博士学位论文，2011.

［18］ Daudin，G.，C. Rifflart，D. Schweisguth. 2011. Who Produces for Whom in the World Economy？［J］. Canadian Journal of Econonmics，44（4）：1403 –1437.

［19］ 上海 WTO 事务咨询中心．全球化下国际贸易价值链重估和统计方法改革研究［R］. 商务部委托课题“全球化下国际贸易价值链重估和统计方法研究”，2012 年 5 月，105 –106，108.

［20］ Linden. G.，Dedrick. J and Kraemer K. L. Innovationa and Job Creation in a Global Economy：the Case of Apple's Ipod［Z］. Working Paper，Personal Computing Industry Center，UC Irvine，No. 134，2009.

［21］ 上海 WTO 事务咨询中心．全球化下国际贸易价值链重估和统计方法改革研究［R］. 商务部委托课题“全球化下国际贸易价值链重估和统计方法研究”，2012 年 5 月，105 –106，108.

[22] 水清木华研究中心.2005—2006 年中国笔记本电脑产业研究报告 [R]. 水清木华研究中心网站 http://www. pday. com. cn.

[23] 张纪. 产品内国际分工中的收益分配——基于笔记本电脑商品链的分析 [J]. 中国工业经济，2006 (7)：36 -44.

[24] 裴长洪，高培勇. 出口退税与中国对外贸易 [M]. 北京：社会科学文献出版社，2008：2 -3.

[25] 刘戒骄. 生产分割与制造业国际分工——以苹果、波音和英特尔为案例的分析 [J]. 中国工业经济，2011 (4)：148 -157.

[26] 林玉盛. 台湾电子代工企业的发展及挑战 [D]. 厦门大学硕士学位论文，2018.

[27] Swenson. D. L. Overseas assembly and country sourcing choices [J]. Journal of International Economics, 2005, 66 (5): 107 -130.

[28] Egger. H. and Egger, P. The Determinants of EU Processing Trade [J]. The World Economy, 2005, 28 (2): 147 -168.

[29] Yeats, A. J. Just How Big is Global Production Sharing? In Sven W. Arndt and H. Kierzkowski, ed., Fragmentation: New Production Patterns in the World Economy [M]. Oxford: Oxford University Press, 2001: 108 -143.

[30] Athukorala, P. C. and N. Yamashita. Production Fragmentation and Trade Integration: East Asia in a Global Context [J]. North American Journal of Economics and Finance, 2006, 17 (3): 233 -256.

[31] Miroudot, S., R. Lanz and A. Ragoussis. Trade in Intermediate Goods and Services [Z]. OECD Trade Policy Working Paper, No. 93, 2009.

[32] Ng, F and A. Yeats. Production Sharing in East Asia: Who Does What for Whom, and Why? [Z]. The World Bank Trade, Development Research Group, Policy Research Working Paper, No. 2197, 1999.

[33] Goerg. H. Fragmentation and Trade: US Inward Processing Trade in the EU [Z]. Whltwirschaftliches Archiv, 2000, 136 (3): 104 -124.

[34] Ng, F and A. Yeats. Major Trade Trends in East Asia: What are Their Implications for Regional Cooperation and Growth? [Z]. The World Bank

Trade, Development Research Group, Policy Research Working Paper, No. 3084, 2003.

[35] Yi. K. M. Can Vertical Specialization Explain the Growth of World Trade? [J]. Journal of Political Economy, 2003, 111 (1): 52 - 102.

[36] Lall. S. , M. Albaladejo, and J. K. Zhang. Mapping Fragmentation: Electronics and Automobiles in East Asia and Latin America [Z]. Queen Elizabeth House (Oxford University) Working Paper Series, No. 115, 2004.

[37] Amighini. A. China in the International Fragmentation of Production: Evidence from the ICT Industry [J]. The European Journal of Comparative Economics, 2005, 2 (2): 203 - 219.

[38] Zeddies. G. Determinants of International Fragmentation of Production in the European Union [Z]. Halle Institute for Economic Research (IWH) Discussion Papers. No. 15, 2007.

[39] 蒲华林. 产品内国际分工与中国外贸增长——理论、实证与对策[M]. 北京: 经济科学出版社, 2011: 217 - 218.

[40] 蒲华林, 张捷. 产品内国际分工与中国获取的价值——基于零部件进出口的分析[J]. 财贸研究, 2012, 23 (1): 70 - 76.

[41] 赵放、成丹. 东亚生产性服务业和制造业的产业关联分析[J]. 世界经济研究, 2012 (7): 73 - 79.

[42] 林桂军, 邓世专. 亚洲工厂及关联度分析[J]. 世界经济与政治, 2011 (11): 124 - 136.

[43] 喻春娇, 胡小洁, 肖德. 台海两岸 ICT 制造业的贸易模式及其决定因素分析[J]. 世界经济研究, 2012 (3): 81 - 86.

[44] 邓世专. 亚洲工厂零部件产品依存度分析[J]. 山西大学学报(哲学社会科学版), 2013 (4): 97 - 103.

[45] 李宏兵, 赵春明. 环境规制影响了我国中间品出口吗——来自中美行业面板数据的经验分析[J]. 国际经贸探索, 2013, 29 (6): 36 - 48.

[46] 刘海洋, 林令涛, 高璐. 进口中间品与出口产品质量升级: 来自微观企业的证据[J]. 国际贸易问题, 2017 (2): 39 - 49.

[47] Feenstra R. C. , G. H. Hanson. Globalization, Outsourcing and Wage Inequality [J]. American Economic Review, 1996, 86 (2): 240 –245.

[48] Campa. J. , L. S. Goldberg. The Evolving External Orientation of Manufacturing Industries: Evidence from Four Countries [Z]. NBER working paper, No. 5919, 1997.

[49] Geishecker. I. Does Outsourcing to Central and Eastern Europe Really Threaten Manual Workers' Jobs in Germany? [J]. World Economy, 2006, 29 (5): 559 –583.

[50] J. Amador, S. Cabral. International Fragmentation of Production in the Portuguese Economy: What do Different Measures Tell Us? [Z]. Banco de Portugal Working Paper, No. 11, 2008.

[51] Geishecker. I. and H. Gorg. Winners and losers: a micro –level analys is of international outsourcing and wages [J]. Canadian Journal of Economics, 2008, 41 (1): 243 –270.

[52] Francesco. D. , J. L. Cecilia. Off –shoring and Productivity Growth in the Italian Manufacturing Industries [Z]. CESifo working paper, No. 2288, 2008.

[53] 徐毅，张二震．外包与生产率：基于工业行业数据的经验研究[J]. 经济研究，2008 (1): 103 –113.

[54] 唐玲．国际外包率的测量及行业差异——基于中国工业行业的实证研究[J]. 国际贸易问题，2009 (8): 66 –74.

[55] 王中华，代中强．外包与生产率：基于中国工业行业物品外包与服务外包的比较分析[J]. 当代经济科学，2009 (4): 56 –62.

[56] 鲍晓华，张莉．中国工业行业外包水平的测度[J]. 统计研究，2011 (4): 24 –32.

[57] 蔡宏波．外包与劳动生产率提升——基于中国工业行业数据的再检验[J]. 数量经济技术经济研究，2011 (1): 63 –75.

[58] 徐毅．外包与工资差距——基于工业行业数据的经验研究[J]. 世界经济研究，2011 (1): 44 –48.

[59] 肖芍芳，王俊杰．外包与生产率和就业：基于中国的实证[J]. 国际经贸探索，2012，28 (2)：54 –66.

[60] 姚星，周茂，郜筱亮．基于全球价值链分解视角的离岸外包绩效研究[J]. 科研管理，2016，37 (3)：143 –153.

[61] 吕延方，王冬．离岸外包改善环境质量吗——基于中国工业面板数据的证明[J]. 国际贸易问题，2017 (8)：108 –120.

[62] 陈启斐，张为付．中国离岸外包和在岸外包的核算研究[J]. 数量经济技术经济研究，2017，34 (7)：92 –107.

[63] 尹今格，宗毅君，雷钦礼．增加值视角下我国对发达经济体发包与接包水平的测度[J]. 数量经济技术经济研究，2019，36 (12)：87 –104.

[64] Hummels，D.，Ishii，J. and Yi，Kei – Mu. The Nature and Growth of Vertical Specialization in World Trade [J]. Journal of International Economics，2001 (54)：75 –96.

[65] 北京大学中国经济研究中心课题组．中国出口贸易中的垂直专门化与中美贸易[J]. 世界经济，2006 (5)：3 –11.

[66] 宗毅君．国际产品内分工与中国经济[M]. 上海：上海三联书店，2010：6，43 –45.

[67] 蒋庚华，林丽敏．中日双边贸易分解：基于世界投入产出数据库的研究[J]. 现代日本经济，2014 (3)：52 –62.

[68] Lawrence J. Lau 等．非竞争型投入占用产出模型及其应用——中美贸易顺差透视[J]. 中国社会科学，2007 (5)：91 –103.

[69] 黄宁，蒙英华．中国出口产业结构优化评估——基于垂直专业化比率指标的改进与动态分析[J]. 财贸经济，2012 (4)：90 –97.

[70] Koopman，R.，Z. Wang，S. J. Wei. How Much Chinese Export Is Really Made in China：Assessing Foreign and Domestic Value – added in Gross Export [Z]. NBER Working Paper No. 14109，2008.

[71] Dean. J.，K. C. Fung，and Z. Wang，. How Vertical Specialized Is Chinese Trade? U. S [Z]. International Trade Commission Working Paper No. 2008 –09 – D，2008.

[72] 郑昭阳，孟猛．基于投入产出法对中国出口中价值含量的分析[J]．南开经济研究，2011 (2)：3 –15.

[73] Koopman, R., Wang, Z., Wei, S. J.. Estimating Domestic Content in Exports When Processing Trade Pervasive [J]. Journal of Development Economics, 2012 (99): 178 –189.

[74] Daudin. G., C. Rifflart and Danielle Schweisguth. Who Produces for Whom in the World Economy? [J]. Canadian Journal of Economics. vol, 2011 (4): 1409 –1538.

[75] Johnson, R. C., G. Noguera. Accounting for Intermediates: Production Sharing and Trade in Value Added [J]. Journal of International Economics, 2012 (86): 224 –236.

[76] Koopman. R., Z. Wang and S. J. Wei. Give Credit Where Credit Is Due: Tracing Value Added in Global Production Chains [Z]. NBER Working Paper No. 16426, 2010.

[77] Johnson, R. C., G. Noguera. Accounting for Intermediates: Production Sharing and Trade in Value Added [Z]. FREIT Working Paper, No. 063, 2011.

[78] Koopman. R., Z. Wang and S. J. Wei. Tracing Value – Added and Double Counting in Gross Exports [Z]. NBER Working Paper, No. 18579, 2012.

[79] Koopman, R., Wang, Z., Wei, S. J.. Estimating Domestic Content in Exports When Processing Trade Pervasive [J]. Journal of Development Economics, 2012 (99): 178 –189.

[80] Koopman, R., Zhi Wang and Shang – Jin Wei. Tracing Value – added and Double Counting in Gross Exports [J]. American Economics Review, 2014 (2): 142 –165.

[81] Zhi Wang, Shang – Jin Wei, Xinding Yu, Kunfu Zhu. Charcterizing Global Value Chains: Production Length and Upstreamness [Z]. NBER Working Paper, No. 23261, 2013.

[82] Wang Z, S. J. Wei, X. D. Yu., K. F. Zhu. Measures of Participation in Global Value Chains and Global Business Cycles [Z]. NBER Working Paper, No. 23222, 2017.

[83] 唐东波. 垂直专业化贸易如何影响了中国的就业结构? [J]. 经济研究, 2012, 47 (8): 118-131.

[84] 王岚. 全球价值链视角下双边真实贸易利益及核算——基于中国对美国出口的实证[J]. 国际贸易问题, 2018 (2): 81-91.

[85] 李宏艳. 中国工业贸易利益分解研究——基于属权利益视角[J]. 中南财经政法大学学报, 2016 (2): 104-114.

[86] 周琢, 祝坤福. 外资企业的要素属权结构与出口增加值的收益归属[J]. 中国工业经济, 2020 (1): 118-135.

[87] 郑昭阳, 孟猛. 基于投入产出法对中国出口中价值含量的分析[J]. 南开经济研究, 2011 (2): 3-15.

[88] 张杰, 陈志远, 刘元春. 中国出口国内附加值的测算与变化机制[J]. 经济研究, 2013, 48 (10): 124-137.

[89] 李昕, 徐滇庆. 中国外贸依存度和失衡度的重新估算——全球生产链中的增加值贸易[J]. 中国社会科学, 2013 (1): 29-55, 205.

[90] 罗长远, 张军. 附加值贸易: 基于中国的实证分析[J]. 经济研究, 2014, 49 (6): 4-17, 43.

[91] 樊秀峰, 程文先. 中国制造业出口附加值估算与影响机制分析[J]. 中国工业经济, 2015 (6): 81-93.

[92] 刘维林. 中国式出口的价值创造之谜: 基于全球价值链的解析[J]. 世界经济, 2015, 38 (3): 3-28.

[93] 程大中. 中国参与全球价值链分工的程度及演变趋势——基于跨国投入—产出分析[J]. 经济研究, 2015, 50 (9): 4-16, 99.

[94] 童伟伟, 张建民. 中国对美出口的国内外价值含量分解研究[J]. 国际贸易问题, 2013 (5): 55-66.

[95] 葛明, 赵素萍, 林玲. 中美双边贸易利益分配格局解构——基于GVC分解的视角[J]. 世界经济研究, 2016 (2): 46-57, 136.

[96] 张曙霄．中国对外贸易结构论[M]．北京：中国经济出版社，2003：19.

[97] 洪宇．中国商品贸易模式演进与背离研究[D]．吉林大学博士学位论文，2009.

[98] 李丹．服务贸易结构优化：基于典型国家的理论与实证研究[D]．辽宁大学博士学位论文，2010.

[99] 蒋庚华．中国服务贸易结构问题研究[M]．北京：对外经济贸易大学出版社，2014：5－6.

[100] 苏庆义．中国省级出口的增加值分解及其应用[J]．经济研究，2016，51（1）：84－98，113.

[101] 倪红福，夏杰长．中国区域在全球价值链中的作用及其变化[J]．财贸经济，2016（10）：87－101.

[102] 黎峰．外资进入如何影响了中国国内价值链分工？[J]．财经研究，2017，43（11）：70－83.

[103] 蒋庚华，林丽敏．中日双边贸易分解：基于世界投入产出数据库的研究[J]．现代日本经济，2014（3）：52－62.

[104] 王岚，盛斌．全球价值链分工背景下的中美增加值贸易与双边贸易利益[J]．财经研究，2014，40（9）：97－108.

[105] 黎峰．全球价值链分工下的双边贸易收益核算：以中美贸易为例[J]．南方经济，2015（8）：77－91.

[106] 黎峰．全球价值链分工下的双边贸易收益核算：以中日贸易为例[J]．现代日本经济，2015（4）：30－41.

[107] 唐文浩，黎峰．全球价值链分工下的中俄双边贸易收益核算[J]．世界经济与政治论坛，2017（3）：139－154.

[108] 刘兆国．全球价值链视角下中日制造业双边贸易增加值分解分析[J]．现代日本经济，2019，38（4）：34－44.

[109] 曲建忠，高越．基于本国要素国内增加值的中美双边贸易利益分配新观察[J]．统计与信息论坛，2019，34（10）：42－49.

[110] 刘淑颖．全球价值链下中美高技术产业的贸易结构分析[J]．现

代管理学，2019（11）：21－23，32.

［111］ Dixit, A. K. , J. E. Stillitz. Monopolistic Competition and Optimum Product Divisity［J］. The American Economic Review, 1997, 67（3）：297－308.

［112］ Krugman, P. R. Increasing Returns, Monopolistic Competition and International Trade［J］. Journal of International Economics, 1979（9）：469－479.

［113］ Krugman, P. R. Scale Economics, Product Differentiation and the Pattern of Trade［J］. The American Economic Review, 1980, 70（5）：950－959.

［114］ Krugman, P. R. Increasing Return, Imperfect Competition and the Positive Theory of International Trade［M］. in Handbook of International Economics, 1995, Vol（3）：147－163.

［115］ 张曙霄．中国对外贸易结构问题研究［D］．东北师范大学博士学位论文，2003.

［116］ Dornbusch, R. , S. Fischer, P. A. Samuelson. Comparative Advantage, trade, and Payments in a Ricardian Model with a Continuum of Goods［J］. The American Economic Review, 1977, 67（5）：823－839.

［117］ Feenstra, R. C. , G. H. Hanson. Foreign Investment, Outsourcing and Relative Wages［Z］. NBER Working Paper, No. 5121, 1995.

［118］ 王中华，王雅琳，赵曙东．国际垂直专业化与工资收入差距——基于工业行业数据的实证分析［J］．财经研究，2009，35（7）：122－133.

［119］ 陈建华，马晓遥．中国对外贸易结构与产业结构关系的实证研究［J］．北京工商大学学报（社会科学版），2009（2）：1－5.

［120］ 王直，魏尚进，祝坤福．总贸易核算法：官方贸易统计与全球价值链的度量［J］．中国社会科学，2015（9）：108－127.

［121］ Timmer, M. P. , Dietzenbacher, E. , Los, B. , Stehrer, R. and de Vries, G. J. An Illustrated User Guide to the World Input－Output Database: the Case of Global Automotive Production［J］. Review of International Economics, 2015（23）：575－605.

［122］ Timmer, M. P. , Los, B. , Stehrer, R. and de Vries, G. J. An Anatomy of the Global Trade Slowdown based on the WIOD Release［Z］. GGDC research memorandum number 162, University of Groningen, 2016.

[123] 陈海英．中国产业结构与出口国内附加值结构之间的关系研究[D]．山西大学硕士学位论文，2019.

[124] 陈建华，马晓遥．中国对外贸易结构与产业结构关系的实证研究[J]．北京工商大学学报（社会科学版），2009（2）：1－5.

[125] Timmer, M. P., Dietzenbacher, E., Los, B., Stehrer, R. and de Vries, G. J. An Illustrated User Guide to the World Input – Output Database: the Case of Global Automotive Production [J]. Review of International Economics, 2015 (23): 575 – 605.

[126] Timmer, M. P., Los, B., Stehrer, R. and de Vries, G. J. An Anatomy of the Global Trade Slowdown based on the WIOD Release [Z]. GGDC research memorandum number 162, University of Groningen, 2016.

[127] 陈建华，马晓遥．中国对外贸易结构与产业结构关系的实证研究[J]．北京工商大学学报（社会科学版），2009（2）：1－5.

[128] Timmer, M. P., Dietzenbacher, E., Los, B., Stehrer, R. and de Vries, G. J. An Illustrated User Guide to the World Input – Output Database: the Case of Global Automotive Production [J]. Review of International Economics, 2015 (23): 575 – 605.

[129] Timmer, M. P., Los, B., Stehrer, R. and de Vries, G. J. An Anatomy of the Global Trade Slowdown based on the WIOD Release [Z]. GGDC research memorandum number 162, University of Groningen, 2016.

[130] 乔舒亚·安格里斯特，约恩－斯特芬·皮施克．基本无害的计量经济学：实证研究者指南[M]．郎金焕，李井奎，译．格致出版社，2012：120－121.

[131] 蒋庚华．服务中间品出口、服务最终品出口与服务业生产要素报酬差距——基于WIOD数据库的实证研究[J]．东北师大学报（哲学社会科学版），2016（5）：80－89.

[132] Koopman. R., Z. Wang and S. J. Wei. Give Credit Where Credit Is Due: Tracing Value Added in Global Production Chains [Z]. NBER Working

Paper No. 16426, 2010.

[133] 王岚. 融入全球价值链对中国制造业国际分工地位的影响[J]. 统计研究 2014 (5): 17 - 22.

[134] 王岚, 李宏艳. 中国制造业融入全球价值链的路径研究——嵌入位置和增值能力的视角[J]. 中国工业经济 2015 (2): 76 - 88.

[135] 蒋庚华, 吴云霞. 全球价值链位置对中国行业内生产要素报酬差距的影响——基于 WIOD 数据库的实证研究[J]. 财贸研究, 2017, 28 (8): 44 - 52.

[136] Timmer, M. P., Dietzenbacher, E., Los, B., Stehrer, R. and de Vries, G. J. An Illustrated User Guide to the World Input - Output Database: the Case of Global Automotive Production [J]. Review of International Economics, 2015 (23): 575 - 605.

[137] Timmer, M. P., Los, B., Stehrer, R. and de Vries, G. J. An Anatomy of the Global Trade Slowdown based on the WIOD Release [Z]. GGDC research memorandum number 162, University of Groningen, 2016.

[138] 高铁梅. 计量经济分析方法与建模: Eviews 应用及实例[J]. 北京: 清华大学出版社, 2006. 154: 157 - 158.

[139] 高铁梅. 计量经济分析方法与建模: Eviews 应用及实例[J]. 北京: 清华大学出版社, 2006. 154: 157 - 158.

[140] 高铁梅. 计量经济分析方法与建模: Eviews 应用及实例[J]. 北京: 清华大学出版社, 2006. 154: 157 - 158.

[141] 赵瑾. 服务: 思想的历史演变与国际社会新定位[J]. 国外社会科学, 2019 (2): 41 - 51.

[142] 姚枝仲. 贸易强国的测度: 理论与方法[J]. 世界经济, 2019 (10): 3 - 22.

[143] 冯雷. 进口贸易是通向贸易强国的关键——转变外贸发展方式的战略研究[J]. 国际贸易, 2014 (12): 51 - 56.

[144] 毛日昇. 贸易强国指数的跨国经验分析[J]. 世界经济, 2019 (10): 23 - 48.

[145] 吕越，马嘉林，田琳．中美贸易摩擦对全球价值链重构的影响及中国方案[J].国际贸易，2019（8）：28-35.

[146] 人民网．推动贸易和投资自由化便利化，维护多边贸易体制[EB/OL]. http：//lianghui.people.com.cn/2020npc/n1/2020/0522/c431623-31719449.html.

附　　录

新旧 WIOD 集结对照表

货物贸易行业			
旧版 WIOD 行业及编号		新版 WIOD 行业及编号	
编号	行业名称	编号	行业名称
AtB	农林牧渔业	A01	农业和养殖业
		A02	畜牧业
		A03	渔业
C	采矿业	B	采矿业
15t16	食品、饮料和烟草业	C10 – C12	食品、饮料和烟草业
17t18	纺织业	C13 – C15	纺织、服装和皮革制造业
19	皮革和皮革制造业		
20	木材和木制品业	C16	木材和木制品业
21t22	造纸和印刷业	C17	纸和纸制品的制造业
		C18	印刷业
23	焦炭、精炼石油和核燃料制造业	C19	焦炭和精炼石油产品的制造业
24	化学工业	C20	化学品和化工产品的制造业
		C21	制药业
25	橡胶和塑料制品业	C22	橡胶和塑料制品业
26	其他非金属矿物制品业	C23	其他非金属矿物制品业
27t28	金属和金属制品业	C24	基本金属制造业
		C25	金属制品制造业，不包括机器设备制造业
29	未列入其他分类的机器设备制造业	C28	未列入其他分类的机器设备制造业
30t33	电子和光学设备制造业	C26	电脑和电子设备制造业
		C27	光学设备制造业
34t35	运输设备制造业	C29	汽车、拖车和半挂车制造业
		C30	其他运输设备制造业
36t37	回收业和其他未列入的制造业	C31_C32	其他制造业
		C33	机械设备的修理和安装业

续表

<table>
<tr><th colspan="4">服务贸易行业</th></tr>
<tr><th colspan="2">旧版 WIOD 行业及编号</th><th colspan="2">新版 WIOD 行业及编号</th></tr>
<tr><th>编号</th><th>行业名称</th><th>编号</th><th>行业名称</th></tr>
<tr><td rowspan="3">E</td><td rowspan="3">电力、天然气和水的供应业</td><td>D35</td><td>电力、天然气的供应业</td></tr>
<tr><td>E36</td><td>水的收集、处理和供应业</td></tr>
<tr><td>E37 – E39</td><td>污水处理业</td></tr>
<tr><td>F</td><td>建筑业</td><td>F</td><td>建筑业</td></tr>
<tr><td>50</td><td>汽车和摩托车的销售和维修服务业</td><td>G45</td><td>汽车和摩托车的销售和维修服务业</td></tr>
<tr><td>51</td><td>批发服务业</td><td>G46</td><td>批发服务业</td></tr>
<tr><td>52</td><td>零售服务业</td><td>G47</td><td>零售服务业</td></tr>
<tr><td>H</td><td>酒店和餐饮服务业</td><td>I</td><td>旅馆和餐饮服务业</td></tr>
<tr><td>60</td><td>内陆运输业</td><td>H49</td><td>内陆运输业和管道运输业</td></tr>
<tr><td>61</td><td>水上运输业</td><td>H50</td><td>水上运输业</td></tr>
<tr><td>62</td><td>航空运输业</td><td>H51</td><td>航空运输业</td></tr>
<tr><td>63</td><td>其他辅助运输业，包括旅游服务业</td><td>H52</td><td>其他辅助运输业</td></tr>
<tr><td rowspan="5">64</td><td rowspan="5">邮政、电信和音像出版服务业</td><td>H53</td><td>邮递服务业</td></tr>
<tr><td>J58</td><td>出版服务业</td></tr>
<tr><td>J59_J60</td><td>音像制品服务业</td></tr>
<tr><td>J61</td><td>通信服务业</td></tr>
<tr><td>J62_J63</td><td>计算机服务业</td></tr>
<tr><td rowspan="3">J</td><td rowspan="3">金融中介服务业</td><td>K64</td><td>除保险和养老基金之外的其他金融服务业</td></tr>
<tr><td>K65</td><td>保险和养老基金服务业</td></tr>
<tr><td>K66</td><td>辅助金融服务业</td></tr>
<tr><td>70</td><td>不动产服务业</td><td>L68</td><td>不动产服务业</td></tr>
<tr><td rowspan="6">71t74</td><td rowspan="6">并购、租赁和其他专业
商业服务业</td><td>M69_M70</td><td>法律和会计服务业</td></tr>
<tr><td>M71</td><td>工程和专业技术测试服务业</td></tr>
<tr><td>M72</td><td>商业技术研究服务业</td></tr>
<tr><td>M73</td><td>市场营销服务业</td></tr>
<tr><td>M74_M75</td><td>其他技术服务业</td></tr>
<tr><td>N</td><td>其他专业服务业</td></tr>
<tr><td>L</td><td>公共服务和国防服务业</td><td>O84</td><td>公共服务和国防服务业</td></tr>
<tr><td>M</td><td>教育服务业</td><td>P85</td><td>教育服务业</td></tr>
</table>

续表

服务贸易行业			
旧版 WIOD 行业及编号		新版 WIOD 行业及编号	
编号	行业名称	编号	行业名称
N	健康和医疗服务业	Q	健康和医疗服务业
O	社会组织服务业	R_S	其他服务业
		U	域外组织和机构服务业
P	家庭服务业	T	家庭服务业